T0265472

Plantas
INMORTALES

JO LAMBELL

40 PLANTAS DE INTERIOR RESISTENTES PARA JARDINEROS NOVATOS

JO LAMBELL

Plantas INMORTALES

cincotintas

PARTE 3

SOS vegetal

Introducción

¿Eres un asesino de plantas? Yo lo era. Compré tres plantas de interior bellísimas y de aspecto exótico y las maté a todas con una combinación tóxica de exceso de riego y de cuidados. Sabía que estaba desesperada por que sobrevivieran, pero no tenía ni idea de qué estaba haciendo mal. Así que hice lo que haría cualquier mujer adulta que se precie: llamé a mi madre. Me transmitió conocimientos y habilidades básicas que me dieron la seguridad suficiente para atreverme a intentarlo de nuevo y... ¡tachán! Conseguí mantener viva a mi primera suculenta.

Ahora, unos años después, estoy completamente reformada y soy yo quien responde a diario a esas mismas preguntas acerca de las plantas. Parece que no era la única asesina de plantas que andaba suelta por ahí.

Si has comprado este libro (o te lo han regalado) es porque también te interesa mantener vivas a tus amigas verdes. Merece la pena invertir el tiempo necesario para entender por qué todas tus plantas se van a pique (o se marchitan y mueren). Cuando les damos la oportunidad de prosperar, las plantas aportan muchísima alegría y transforman nuestro hogar en un fantástico espacio verde, nos dan algo que cuidar y hacer crecer y, además, nos ofrecen más de un beneficio para la salud.

Estoy aquí para disipar el miedo a lo desconocido y para equipar incluso a los jardineros más torpes con las habilidades necesarias para mantener a sus plantas vivitas y coleando. Las plantas pueden ser algo intimidantes, con los nombres en latín, la complejidad de la terminología y su reputación de ser muy delicadas, por lo que es buena idea empezar con plantas resistentes y tolerantes. (Si no estás muy seguro de cómo elegir una planta, haz el test «Encuentra a tu planta gemela» de la p. 12 y consulta la «Chuleta para plantas» de la p. 14).

En este libro, te explicaré los elementos básicos del cuidado de las plantas (luz, agua y ubicación) y te diré cuándo replantarlas (ahí va una pista: no es en invierno) y qué hacer si las cosas salen mal. Te presentaré muchas variedades increíbles de plantas inmortales y verás que existen plantas bellísimas y con aspecto de ser delicadas que no solo toleran que te olvides de ellas, sino que les encanta que lo hagas (sí, estoy hablando de ti, potus): hay tantas que no hace falta que pierdas el tiempo cuidando de florecillas caprichosas.

Te prometo que, cuando termines el libro, serás un asesino de plantas reformado y seguro de sí mismo, como yo.

Parte 1

Comenzar por el principio

Encuentra a tu planta gemela

¿Necesitas ayuda para encontrar la planta perfecta para ti?
Suma las respuestas y la solución te será revelada.

¿Cuántas plantas tienes?	A	B	C	D
	Unas cuantas	Muchas	Una	Ninguna... aún

¿Has matado ya a alguna planta?	A	B	C	D
	Mi proporción es de 50:50	La mayoría de mis plantas prosperan	Muchas, muchas veces	Este es mi primer intento

¿Cómo definirías tu estilo?	A	B	C	D
	Maximalista	Escandinavo	Bohemio	Minimalista

¿Dónde quieres que viva tu planta?	A	B	C	D
	Despacho	Dormitorio	Baño	Salón

¿El tamaño importa?	A	B	C	D
	Cuanto más grande, mejor	Lo pequeño es bello	Me gustaría una planta larga, con cola	Algo intermedio, por favor

¿Qué forma de hojas te gustaría?	A	B	C	D
	Llamativas y vistosas	De colores e interesantes	Fluidas y no demasiado uniformes	Distintas y sorprendentes

¿Qué cuidados piensas dar a tu nueva planta?	A	B	C	D
	Me gusta estar bastante encima de mis plantas	Estoy dispuesto a comprometerme	Intentaré acordarme de regarlas, pero no prometo nada	Tengo mucho trabajo y a veces me despisto, así que los mínimos necesarios

¿Qué superpoder te gustaría que tuviera tu planta?	A	B	C	D
	Purificar el aire	Abrir y cerrar las hojas	Crecimiento rápido	Inmortalidad

MAYORÍA DE A

Una planta de la familia de las palmeras sería perfecta para ti. Quieres una planta grande y atrevida con la que conseguir el máximo efecto. Invita a una kentia (p. 44) a tu casa y disfruta de buena energía al instante. Es frondosa y muy bonita y será la protagonista de cualquier sala. También tiene muchas probabilidades de sobrevivir allá donde otras perecen, como esquinas y pasillos con poca luz. Purifica el aire y es resistente. ¡La planta ideal!

MAYORÍA DE B

Parece que las calateas serían una buena opción para ti. De hojas vistosas y elegantes, estas plantas aportan emoción y energía selvática a cualquier espacio. La elegante planta de la oración (p. 38) hará las delicias de todo cuidador de plantas. Sus hojas de colores maravillosos se abren y se cierran por la noche (como las manos en posición de oración). Es ideal para animar un dormitorio.

MAYORÍA DE C

No te lo tomes a mal, pero es muy posible que seas un asesino de plantas en serie. ¡No pasa nada! También eres bastante impaciente y quieres una planta que te recompense con algo de crecimiento a cambio de tu (mínima) atención. El potus (p. 58) te ayudará a reencontrarte con el cuidado de las plantas. Es sufrido y crece con rapidez: ¡hasta 30 cm al mes! Queda fantástico descolgándose desde una estantería.

MAYORÍA DE D

Si eres nuevo en esto de la jardinería, la lengua de tigre (p. 41) es tu planta. Es una planta que vive y deja vivir y que está como en casa en interiores minimalistas, a los que aporta textura y líneas fluidas. Con toda probabilidad, es la planta más resistente de todo el libro. Es casi imposible de matar y sufrida como la que más. ¡Es la manera perfecta de iniciarte en el cuidado de las plantas!

CONSULTA LA CHULETA DE PLANTAS EN LAS PÁGINAS SIGUIENTES Y DESCUBRE QUÉ OTRAS PLANTAS DEL LIBRO SATISFACEN TODOS TUS REQUISITOS

Chuleta de plantas

Planta		Tamaño máximo			Segura para niños y mascotas
		Hasta 50 cm (20 in)	Hasta 1 m (3 ft)	Más de 1 m (3 ft)	
Planta de la oración	p. 38	•			•
Lengua de tigre	p. 40			•	
Zamioculca	p. 42			•	
Kentia	p. 44			•	•
Sansevieria mikado	p. 46		•		
Serpiente dorada	p. 48		•		•
Yuca	p. 50			•	
Pluma de indio	p. 52	•			•
Cactus espina de pescado	p. 54		•		•
Palmera de salón	p. 56			•	•
Potus	p. 58			•	
Ficus bonsái	p. 60		•		
Áloe vera	p. 62		•		
Cactus espiral	p. 64			•	•
Flor de cera	p. 66		•		
Aralia	p. 68			•	•
Aspidistra	p. 70		•		•
Echeveria	p. 72	•			•
Hiedra	p. 74		•		
Disciplinaria de Cuba	p. 76		•		
Aleta de ballena	p. 78		•		
Areca	p. 80			•	•
Cica	p. 82		•		
Cola de burro	p. 84		•		•
Árbol africano de leche	p. 86			•	
Cinta	p. 88		•		•
Nopalillo cegador	p. 90		•		
Crotón	p. 92		•		
Nolina despeinada	p. 94			•	•
Cactus brasileño	p. 96			•	•
Drácena	p. 98			•	
Bola de oro	p. 100	•			•
Planta de lotería	p. 102			•	
Haworthia	p. 104	•			•
Lirio de la paz	p. 106	•			
Collar de jade	p. 108	•			
Calatea de terciopelo	p. 110		•		•
Filodendro trepador	p. 112			•	
Drácena de hoja fina	p. 114			•	
Helecho nido de ave	p. 116		•		•

Purificación del aire	Necesidades de luz		Frecuencia de riego			Nivel de mantenimiento
	Luz abundante, indirecta	La sombra le va bien	Semi-regular	Solo cuando la tierra esté seca	Hay que rociarla con agua	0 = bajo; 10 = elevado
•	•		•		•	5
•	•	•	•			1
•	•	•	•			3
•	•	•	•			4
•	•	•		•		2
•	•	•	•			6
•	•	•	•			4
•	•		•		•	6
	•			•	•	4
•	•	•	•		•	3
•	•		•		•	7
•	•		•			3
•	•			•		3
	•			•		2
•	•		•		•	6
•	•		•		•	6
•	•	•	•			2
	•			•		3
•	•		•		•	5
	•		•			4
•	•		•			5
•	•		•			7
•	•		•			7
	•		•			4
	•			•		5
•	•		•		•	4
	•		•	•		4
•	•		•		•	7
	•			•		5
	•		•			3
•	•	•	•		•	7
	•			•		2
•	•		•		•	5
	•			•		2
•	•		•			4
	•			•		1
•	•		•		•	8
•	•		•			5
•	•		•		•	7
•	•		•		•	8

Material básico

Antes de emprender tu viaje a la parentalidad vegetal, hazte con algunos artículos esenciales que ayudarán a que tus plantas den lo mejor de sí.

MACETAS

Lo mejor que hay después de comprar las plantas es comprar las macetas. Hay muchísimas opciones maravillosas donde cobijar a tus plantas, desde maceteros colgantes de macramé a cestos trenzados colosales o elegantes macetas metálicas. Acuérdate de buscar siempre tiestos decorativos donde la planta y la maceta de invernadero encajen a la perfección y asegúrate de que drenen bien. No caigas en la tentación de poner la planta en una maceta demasiado grande para ella, porque le costará absorber los nutrientes de la tierra. Intenta dejar un margen de 1-2 cm (¾ in) alrededor del tiesto de invernadero.

SUSTRATO

Te conviene tener siempre cerca una bolsa de sustrato, porque lo necesitarás para replantar. Te bastará con un sustrato universal, aunque si optas por una suculenta o un cactus, será mejor que uses un sustrato especializado.

PULVERIZADOR Y REGADERA

Por tentador que resulte usar un vaso o un tarro para hidratar a tus nuevas amigas, una regadera te ofrecerá más precisión y control. Merece la pena que inviertas también en un pulverizador, porque es una manera fantástica de aumentar la humedad imitando las gotas de lluvia y de hidratar a la planta hasta las puntas de las hojas. La mayoría de las plantas se alegrarán si las rocías una vez a la semana durante los meses más cálidos.

TIJERAS

Al igual que nos sucede a las personas, las plantas también necesitan que les cortemos el cabello de vez en cuando (p. 26). Invierte en unas tijeras de podar afiladas para cortarle las puntas a la flor de cera (p. 66) o para eliminar los extremos secos de la kentia (p. 44). Busca tijeras de podar con hojas cortas, porque son más precisas, y mantenlas siempre limpias para evitar la propagación de enfermedades. También serán tus mejores aliadas cuando empieces a propagar.

PAÑO PARA LIMPIAR

Aunque las plantas de este libro son muy resistentes y necesitan muy poco mantenimiento, las bellezas de hoja grande te amarán para siempre si les pasas un paño cada par de semanas. Las partículas de polvo que se depositan sobre las hojas interfieren con la fotosíntesis, así que límpialas con suavidad con un paño seco o húmedo.

Familias de plantas

Permíteme que te presente a algunas de las familias de plantas más habituales. Tal y como sucede en las familias humanas, en las de plantas no hay dos miembros idénticos, pero sí que comparten varios rasgos. Las plantas de una misma familia tendrán necesidades similares y preferirán condiciones parecidas, por lo que si descubres qué sitio le gusta a tu planta, puedes añadir a alguna de sus hermanas.

SUCULENTAS

Conocidas por sus bellas hojas carnosas, las suculentas son muy populares por muchos motivos, pero sobre todo porque son muy difíciles de matar, así que son perfectas para los principiantes. Son plantas muy inteligentes que almacenan el agua en las hojas y la usan cuando la necesitan, por lo que necesitan muy poco riego. Les encanta el sol y prosperarán en un alféizar o en un estante soleados. Toda colección de plantas digna de ese nombre debería contar con al menos una o dos.

Prueba con: Echeveria (p. 72), Cola de burro (p. 84), Haworthia (p. 104), Collar de jade (p. 108)

CALATEAS

Célebres por sus hojas multicolores e interesantes, las calateas se llevan la medalla de oro en la categoría de belleza. Les gusta la luz indirecta y prosperan en condiciones húmedas, por lo que los cuartos de baño son ideales para ellas. Aunque algunos de los miembros de esta familia pueden ser algo complicados, no las metas a todas en el mismo saco. En este libro solo encontrarás las más sufridas, para que puedas empezar. Rociarlas semanalmente con agua es esencial para estas variedades.

Prueba con: Planta de la oración (p. 38), Calatea de terciopelo (p. 110)

PALMERAS

Las palmeras tienen el máximo impacto con el mínimo esfuerzo. Con su follaje frondoso, verde y plumoso, transforman al instante cualquier espacio. Son muy fáciles de cuidar, lo que aumenta su atractivo, y crecen allá donde otras plantas mueren, como en pasillos sombríos o estancias con poca luz.

Prueba con: Kentia (p. 44), Palmera de salón (p. 56), Areca (p. 80)

HELECHOS

Los helechos tienen la reputación de ser difíciles y algunas variedades imponen respeto incluso a los jardineros de interior más expertos. Sin embargo, no todos los helechos son iguales y he elegido los más resistentes para que los conozcas. Con hojas interesantes y exóticas, el helecho será un elemento fantástico en tu pandilla verde. Estará como en casa en la cocina o en el baño, donde el nivel de humedad es más elevado.

Prueba con: Serpiente dorada (p. 48), Helecho nido de ave (p. 116)

CACTUS

Los cactus son las plantas inmortales por excelencia. Los hay pequeños, bonitos y cubiertos de pinchos y también largos, colgantes y sin espinas. Hay muchísimas variedades entre las que elegir. Por supuesto, cuidar de ellos es muy fácil. Son extraordinariamente adaptables y prosperarán en cualquier estancia donde decidas ponerlos.

Prueba con: Cactus espina de pescado (p. 54), Cactus espiral (p. 64), Disciplinaria de Cuba (p. 76), Árbol africano de leche (p. 84), Nopalillo cegador (p. 90), Bola de oro (p. 100)

Dónde ubicar las plantas

Encontrar el lugar perfecto para tus plantas es fácil. Para crear tu propio espacio verde, solo tienes que pensar en el nivel de luz, de calor y de humedad que tu planta necesita para prosperar.

COCINA

Todo el mundo sabe que la cocina es el corazón de la casa. Es la sala de máquinas que da energía a la familia y es tan merecedora de verde como cualquier otro espacio de la vivienda. Deposita algunas suculentas (p. 18) en estanterías abiertas para elevar el espacio y suma interés con un ficus bonsái (p. 60). Una aspidistra (p. 70) en una maceta bonita también quedará ideal junto a los armarios y los helechos estarán encantados en un espacio con vapor de agua. Cuando coloques las plantas, ten cuidado con el sol directo de tarde, que puede quemar las hojas.

SALA DE ESTAR

La sala de estar es una de las salas más fáciles de llenar con plantas, ya que la mayoría se sentirán muy bien allí (siempre que haya suficiente luz natural). La temperatura ideal para las plantas de interior es de 15-24 °C (59-75 °F) y te darás cuenta de que las salas de estar son las estancias con la temperatura más estable de la casa. Es una oportunidad fantástica para rodearte de verde: pon una kentia (p. 44) en una esquina, deja que una flor de cera (p. 66) se descuelgue por una estantería, llena un alféizar con echeverias (p. 72) o deposita un lirio de la paz (p. 106) en la mesa de centro. ¡Cuando empieces, no podrás parar!

DESPACHO

Sumar verde a tu entorno te beneficiará muchísimo tanto si trabajas en casa como fuera de ella. Un nopalillo cegador (p. 90) será un compañero de mesa fantástico y no te lo tendrá en cuenta si estás tan centrado en tu trabajo que te olvidas de él de vez en cuando. Las lenguas de tigre (p. 40) son superaniquiladoras de radicales libres y soportan la luz escasa si trabajas en un lugar con poca luz natural. También puedes añadir una planta de la oración (p. 38), una manera fantástica de añadir energía zen a tu escritorio mientras ves cómo las hojas suben y bajan a lo largo del día.

DORMITORIO

¿Te cuesta conciliar el sueño? En lugar de contar ovejas, añade algunas plantas al dormitorio. El verde ralentiza la frecuencia cardiaca y el nivel de cortisol, la hormona del estrés. Prueba un áloe vera (p. 62), una cinta (p. 8) o un helecho nido de ave (p. 116); todas ellas son magníficas depuradoras de aire.

CUARTO DE BAÑO

El cuarto de baño es el invernadero que no sabías que tenías. Con frecuencia, tiene luz natural mínima y niveles de humedad elevados, por lo que las plantas que prosperan ahí son especiales. Adorna un estante, una barra de cortina o un alféizar con un potus (p. 58) y deja que se descuelgue para maximizar el esfuerzo o coloca una maravillosa drácena de hoja fina (p. 114) junto a la ventana. Los lirios de la paz (p. 106) adoran la tierra húmeda, así que el vapor de esta estancia les sienta muy bien.

Jardinería estacional

Aunque las plantas que aparecen en el libro son «inmortales», es importante que te asegures de ofrecerles los cuidados adecuados durante todo el año. Sigue estos sencillos consejos estacionales.

En primavera

AUMENTA EL RIEGO

Algunas plantas entran en estado de dormición en invierno, por lo que necesitan menos agua. La llegada de la primavera señala el fin de este estado y las plantas entran en el periodo de crecimiento, por lo que necesitan agua con más frecuencia.

PODA LAS HOJAS MUERTAS

Corta las hojas marrones o amarillentas con unas tijeras afiladas, para promover el crecimiento nuevo y un follaje renovado y más denso y frondoso. Intenta no confundir los brotes nuevos por hojas amarillentas, porque, con frecuencia, comienzan con un color amarillo o verde lima y se oscurecen a medida que maduran.

REPLANTA Y RENUEVA

Estimula el crecimiento y la floración enriqueciendo el sustrato con un compost rico en nutrientes. Valora la posibilidad de replantar en una maceta más grande (p. 24). Separa con toquecitos la tierra de la maceta del vivero. Si las raíces son muy densas y están apretujadas o se salen por los agujeros del fondo de la maceta, es el momento de replantarlas.

En verano

ROTA LAS PLANTAS CON REGULARIDAD

¡Ha salido el sol! Para asegurarte de que todas tus plantas reciben su dosis de rayos solares de forma uniforme, gíralas un cuarto de vuelta cada semana. Así, crecerán de manera equilibrada por todos los lados y no se inclinarán ni crecerán en exceso por la parte superior.

SÁCALAS

Llévate a tus plantas (o al menos a algunas de ellas) de vacaciones y sácalas al exterior durante el verano. Las cintas (p. 88), las yucas (p. 50) y muchos cactus disfrutan del sol abundante. Eso sí, acuérdate de volver a meterlas dentro cuando la temperatura empiece a bajar.

AUMENTA LA HUMEDAD

Si alguna de tus plantas prefiere un nivel de humedad elevado (como las plantas tropicales, las calateas o los helechos), acuérdate de rociarlas frecuentemente con agua durante los calurosos días de verano. No te olvides de pulverizar también la cara interior de las hojas, para que el agua caiga sobre las hojas inferiores.

En otoño

REDUCE EL RIEGO

Las plantas no necesitan tanta agua durante los meses más frescos, porque invierten menos energía en crecer. Espera a que el sustrato se seque un poco más entre riego y riego durante esta época. Si tienes cactus, no te extrañes si solo los tienes que regar una vez al mes.

EVITA EL AIRE SECO

Cuando la temperatura desciende, los radiadores y la calefacción cobran vida. Aleja la planta de los radiadores o de los respiraderos del sistema de climatización para evitar molestarlas con el aire seco. Han de estar a, al menos, 1 m (3 ft) de distancia de la fuente de calor.

AUMENTA LA LUZ

Los días se acortan y las plantas reciben menos luz natural. Las ventanas orientadas hacia el sur tienden a recibir más horas de luz, por lo que o bien traslada las plantas allí o compra una luz para cultivo para ayudarlas a recibir la luz que tanto necesitan.

En invierno

NO ABONES

Ha llegado el momento de abandonar el abono y de dejar que las plantas se adormilen. Replantar y propagar son tareas primaverales. Ahora, las plantas necesitan descansar.

QUÍTALES EL POLVO

En una estación en que la luz escasea, el polvo sobre las hojas reduce la cantidad de sol que llega a la superficie de estas, lo que dificulta la fotosíntesis. Usa un paño húmedo para retirar el polvo con delicadeza.

MANTENLAS ABRIGADAS

Si la temperatura cae por debajo de los 10 °C (50 °F), es posible que las plantas empiecen a sufrir. Ponlas en algún punto de la vivienda donde la temperatura sea constante y no fluctúe. Aléjalas de las ventanas y de las corrientes, porque el frío podría hacer que entren en *shock*.

Replantar

Replantar es una parte esencial de la rutina de cuidados de las plantas de interior y no es en absoluto tan difícil como puedas pensar. Normalmente, tus plantas necesitarán que las replantes cada 12-18 meses, en función de la rapidez con la que crezcan. Si te das cuenta de que las raíces empiezan a salir por los orificios del fondo de la maceta o de que la planta ha crecido mucho por la parte superior y es inestable, es una señal clara de que está preparada para mudarse a una maceta más grande. La primavera marca el comienzo de la temporada de crecimiento, por lo que es el momento ideal para replantar. Evita hacerlo en invierno o cuando la planta esté en dormición, porque el ritmo de crecimiento será más lento.

1. Crecer con sensatez

Elige una maceta nueva con un diámetro entre 3-5 cm (1¼ - 2 in) más grande que la actual. Intenta no ir más allá de dos tallas de macetas, porque puedes abrumar a la planta con tierra y agua que no necesita aún.

2. Sacar con cuidado

Saca la planta de la maceta actual con mucho cuidado, poniéndola boca abajo o inclinándola. Hazla girar con suavidad para separar la tierra de la maceta y dale golpecitos en el fondo hasta que se desprenda y salga por sí sola.

3. Reorganizar las raíces

Antes de replantarla, examina las raíces. Poda las más viejas y, con cuidado, afloja y desenreda con los dedos el resto, para que puedan crecer hacia afuera. Así, la planta sabrá que ahora dispone de más espacio para crecer en su nuevo recipiente.

4. Renovar el sustrato

Replantar es más que ubicar la planta en una maceta más grande: también te ofrece la oportunidad de añadir sustrato nuevo y, por lo tanto, proporcionar a la planta nutrientes nuevos. Elige el sustrato adecuado para tu planta: el sustrato universal sin turba es fantástico para la mayoría de las plantas y, si has elegido algún cactus, opta por un sustrato específico para tus amigos espinosos. Dispón la planta en el sustrato nuevo y asegúrate de que pueda permanecer derecha por sí sola. Si la maceta nueva no tiene orificios de drenaje, añade una capa de guijarros en el fondo para evitar que el agua se encharque.

5. Regar con generosidad

Riega la planta con generosidad para terminar el proceso de replantado. Es esencial que el exceso de agua se pueda drenar al fondo de la maceta y escapar una vez la planta haya absorbido la que necesite.

Poda

Las plantas de interior tienen más en común con las personas de lo que piensas. Al igual que a nosotros, les gusta sentirse bien y tener buen aspecto. Por eso, la poda es una parte esencial de su rutina de cuidados; es como cuando nosotros vamos a la peluquería. Retirar los tallos, hojas y enredaderas muertos o demasiado largos promueve el crecimiento de brotes nuevos y sanos. Además, la poda permite mantener el tamaño y la forma de la planta para que siga siendo adecuada para espacios de interior. En otras palabras, es una manera fantástica de evitar que tu casa se acabe convirtiendo en una selva.

Normalmente, deberías podar las plantas al comienzo del periodo de crecimiento, es decir, a principios de la primavera, para que puedan florecer en los meses más cálidos con hojas nuevas y fuertes. La poda es importante, porque las hojas y los tallos dañados absorben energía que, de otro modo, la planta podría invertir en crecer. Si algunas de las hojas están dañadas debido a alguna enfermedad, retirarlas puede evitar que esta se extienda al resto de la planta.

Lo único que necesitarás es un par de tijeras limpias y afiladas. Las hojas romas o poco afiladas pueden dar lugar a cortes no demasiado limpios y las tijeras sucias pueden transmitir enfermedades y parásitos. Comienza por eliminar todas las hojas muertas o amarillentas. No te excedas con los tijeretazos. Como norma general, tendrás que eliminar aproximadamente una cuarta parte de las hojas existentes.

Si la planta tiene tallos sin hojas, córtalos a la atura de un nodo (el punto de unión entre la hoja y el tallo). ¡Te sorprenderá la rapidez con que aparecerán brotes nuevos! En cuanto a los tallos de las enredaderas o trepadoras, corta directamente por debajo de una hoja, porque así ayudarás a la planta a conservar la forma compacta y la frondosidad. Algunas plantas, como el potus (p. 58), crecen muy agresivamente hacia la fuente de luz, por lo que pueden acabar siendo demasiado grandes para la ubicación en que se encuentran. La poda ayuda a controlar esta tendencia.

Aunque la poda beneficia a la mayoría de las plantas, hay algunas que no necesitan este mantenimiento. Las suculentas y las lenguas de tigre apenas necesitan que las poden y, de hecho, sufrirán si lo haces cuando no lo necesitan. Limítate a retirar las hojas muertas.

Propagar

La propagación es un proceso que resulta muy satisfactorio y que consiste en cortar esquejes de plantas ya existentes para reproducirlas. En otras palabras, consiste en crear plantas nuevas... ¡gratis! Además, no hace falta que seas un experto para que puedas ampliar tu familia verde.

Aunque hay muchos métodos de propagación, los esquejes de tallo son ideales cuando se trata de plantas que tienen tallos trepadores, como el potus (p. 58) o el filodendro trepador (p. 112). Las cintas (p. 88) y los cactus espina de pescado (p. 54) también son facilísimos de propagar.

1. Selecciona el tallo que vas a cortar

Busca un tallo saludable del que puedas cortar un esqueje y córtalo con unas tijeras afiladas para asegurarte de que das un corte limpio y de que no dañas a la planta. Elige un tallo sano y con muchas hojas o brotes nuevos. Así te asegurarás de reproducir tu planta a partir de sus partes más sanas.

2. Pon el esqueje en remojo

A continuación, llena de agua una jarra o un jarrón pequeños y mete el esqueje dentro, de modo que la parte cortada del tallo quede abajo. ¡Ahora solo te queda esperar! Mientras, deja el recipiente en un sitio con mucha luz indirecta.

3. Cuídalo

Cambia el agua siempre que sea necesario, porque es muy posible que se evapore. Hazlo aproximadamente una vez a la semana, para que esté siempre fresca. Al cabo de tan solo 2-3 semanas, deberías ver que empiezan a crecer unas raíces diminutas. Idealmente, deben alcanzar una longitud mínima de 2,5 cm (1 in) antes de que las puedas sacar del agua.

4. Planta el esqueje

Ahora ha llegado el momento de plantar el esqueje. Elige una maceta pequeña (de unos 9 cm/3,5 in de diámetro), para no abrumar a la planta, y llénala de compost universal para plantas de interior. Haz un agujero en el sustrato con el dedo o un lápiz. Mete la raíz nueva en el agujero, vuelve a llenarlo de tierra y apriétala con los dedos. Riega la maceta hasta que empiece a salir agua por los agujeros del fondo y disponla sobre un plato durante 30 minutos, para dar tiempo a que el agua se drene del todo y se asiente. Coloca la nueva planta en un lugar seco y con abundante luz indirecta y controla de cerca su crecimiento. El esqueje debería crecer hasta convertirse en una planta frondosa.

Limpieza

¿Verdad que si te compraras un coche nuevo lo llevarías al túnel de lavado de vez en cuando? Pues lo mismo tienes que hacer con las plantas. Asegúrate de que tienen buen aspecto y de que se sienten aún mejor con estos sencillos consejos.

QUITAR EL POLVO

Las hojas de algunas plantas tienen una textura cerosa que es como un imán para el polvo, que es muy perjudicial porque obstruye los estomas (poros vegetales) e interfiere con la fotosíntesis, lo que significa que la planta no crece bien. Retíralo con suavidad con un paño húmedo y evita usar sustancias químicas o abrillantadores, porque pueden ser perjudiciales.

ALIMENTAR

Durante el periodo de crecimiento, aporta a tus plantas energía adicional en forma de abono. Hay multitud de soluciones que puedes diluir en el agua de riego. Hazlo en riegos alternos y solo durante los meses de crecimiento.

REORGANIZAR Y REAGRUPAR

Si dispones a tus bellezas vegetales en grupo, valora la posibilidad de reorganizarlas periódicamente, para darles acceso a la misma cantidad de luz. Hazlo cada par de meses (a la mayoría de las plantas no les gusta demasiado que las muevan). Si no les gusta, te lo harán saber porque se les caerán las hojas.

¿Te vas de vacaciones?

Tanto si es porque vuelves a casa por Navidad como si es porque partes destino a algún lugar exótico, es muy probable que, antes o después, tengas que dejar a tus plantas desatendidas. No te preocupes. Puedes hacer varias cosas para que sigan contentas en tu ausencia.

1. Dales de beber

Es crucial que las plantas sigan hidratadas mientras estés fuera, así que riégalas con generosidad antes de irte. Si es invierno tampoco necesitarán mucha agua, así que podrías probar el truco de los cubitos de hielo (p. 122).

2. Mételas en el baño

Aunque a primera vista te pueda parecer absurdo, sigue leyendo. Si tienes plantas que necesitan mucha humedad, ¿por qué no empapas algunas toallas y periódicos viejos y los metes en la bañera? Si pones las macetas encima, tus plantas disfrutarán de agua y de humedad abundantes durante tu ausencia.

3. Pídele a un vecino que las atienda

Todos necesitamos buenos vecinos. Tus plantas, también. Si tu familia vegetal necesita cuidados en tu ausencia, pídele a un vecino que se pase un par de veces por tu casa. ¿No harías lo mismo por tu mascota?

4. Dales un corte de pelo

Antes de irte, poda las plantas y retira las hojas muertas que puedan tener (p. 22), porque así estimularás el crecimiento de brotes nuevos y las mantendrás con buen aspecto y sanas. Retira los desechos que pueda haber sobre el sustrato y quita el polvo a las hojas.

5. Agrúpalas

La unión hace la fuerza también para las plantas y, si las agrupas, las ayudarás a prosperar. Acerca las plantas tropicales para que creen su propio microclima: el nivel de humedad aumentará y les proporcionará la hidratación que necesitan.

6. Prueba con una bandeja de guijarros

Una manera fantástica de aumentar la humedad y de alargar ligeramente el periodo entre los riesgos es usar una bandeja de guijarros. Cubre la superficie de un plato hondo con guijarros o cantos rodados. Añade agua, pero asegúrate de que la parte superior de las piedras quede por encima de la superficie. Así, la planta no quedará sumergida en el agua, pero podrá acceder a ella siempre que la necesite.

Parte 2

Las plantas

Planta de la oración

MARANTA LEUCONEURA

No es de extrañar que la planta de la oración sea una de las más populares. ¡Fíjate en qué bonitas son las hojas! También conocida como maranta tricolor, esta planta debe su nombre a que las hojas están extendidas durante el día pero, por la noche, se pliegan como manos cerradas en oración. Aunque la familia de las calateas tiene reputación de ser caprichosa, la planta de la oración es sorprendentemente sufrida. Es originaria de las pluvisilvas de Brasil, por lo que tendrás que replicar las condiciones de su hábitat natural rociándola con agua con frecuencia. Así evitarás que las puntas de las hojas se sequen o se vuelvan marrones. Estará la mar de contenta en un cuarto de baño luminoso, donde disfrutará del vapor de agua de la ducha.

Riégala aproximadamente una vez a la semana y mantén la tierra húmeda, pero evita que se encharque. Reduce la frecuencia de riego en invierno y asegúrate de que tu planta de la oración disponga de abundante luz natural indirecta.

CÓMO HACERME FELIZ

Luz ☼

Me gusta la luz intensa e indirecta.

Agua ◊

Riégame cuando los 5 cm (2 in) superiores de la tierra de la maceta estén secos.

Purificación del aire ≋

Elimino las toxinas del aire de tu habitación.

Seguridad ⚠

Soy segura tanto para los peludos como para los bebés de la casa.

Tamaño ↗

Hasta 30 cm (12 in).

EL CONSEJO DE JO

Esta planta puede ser sensible a las sustancias químicas del agua de grifo. Si es posible, usa agua de lluvia, cuyo pH es inferior.

Lengua de tigre

SANSEVIERIA LAURENTII

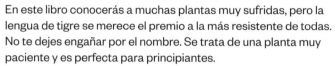

En este libro conocerás a muchas plantas muy sufridas, pero la lengua de tigre se merece el premio a la más resistente de todas. No te dejes engañar por el nombre. Se trata de una planta muy paciente y es perfecta para principiantes.

La lengua de tigre es muy llamativa gracias a sus hojas largas y variegadas y aporta color y textura a cualquier estancia. No necesita mucha agua o luz para sobrevivir, pero las hojas son cerosas y tienden a acumular polvo que interfiere con la fotosíntesis, así que te agradecerán que les pases un paño húmedo cuando suceda.

La lengua de tigre prefiere cierta sequedad y es susceptible a la podredumbre de la raíz, así que no la riegues en exceso y asegúrate de que la maceta drene bien. Si te aseguras de no dejarla nunca en agua encharcada, te verás recompensado con una planta sana y feliz.

CÓMO HACERME FELIZ

Luz ☼

Me gusta la luz intensa e indirecta, pero tolero las zonas de sombra.

Agua ◊

Riégame cuando los 5 cm (2 in) superiores de la tierra de la maceta estén secos al tacto.

Purificación del aire ≈

Elimino las toxinas del aire de tu habitación.

Seguridad ⚠

Mantenme alejada tanto de los peludos como de los bebés de la casa.

Tamaño ↗

Hasta 1,2 m (4 ft).

EL CONSEJO DE JO

Coloca la planta en el dormitorio o en el despacho, porque almacena oxígeno durante el día y lo libera a la atmósfera durante la noche.

Zamioculca

ZAMIOCULCAS ZAMIIFOLIA

Esta planta tropical es tan resistente como la que más. Es originaria de Zanzíbar, Kenia y África Oriental, donde disfruta de un clima cálido. La zamioculca almacena el agua, una habilidad fantástica si la va a cuidar un jardinero novato: sobrevivirá aunque te olvides de ella durante un tiempo. La zamioculca es muy popular, y con razón. Sus hojas brillantes reflejan la luz e iluminan la estancia en que se encuentren. Y sus instrucciones de mantenimiento son casi inexistentes. ¿Que no hay mucha luz? Tampoco hay problema. ¿Que se te olvida regarla? No te preocupes. Lo único que necesita es que le quites el polvo con regularidad, para evitar que los poros de las hojas se obstruyan.

¿Presenta algún inconveniente la impresionante zamioculca? No, en realidad no, aunque sí que tiende a la podredumbre de la raíz. No la mates con un exceso de atenciones y de agua. Si a las hojas les salen manchas pardas, es señal de un exceso de sol o de agua o de una infestación, así que presta atención si detectas este síntoma.

CÓMO HACERME FELIZ

Luz ☼
Me gusta la luz intensa e indirecta, pero tolero las zonas de sombra.

Seguridad ⚠
Mantenme alejada tanto de los peludos como de los bebés de la casa.

Agua ⬠
Riégame cuando los 5 cm (2 in) superiores de la tierra de la maceta estén secos.

Tamaño ↗
Hasta 1,2 m (4 ft).

Purificación del aire ≋
Elimino las toxinas del aire de tu habitación.

EL CONSEJO DE JO
Si la zamioculca abre los brazos y se empieza a inclinar, ata los tallos con un cordel para mantenerlos prietos.

Kentia

HOWEA FORSTERIANA

La kentia es el gran gigante amable del mundo de las plantas y sus hojas épicas gustan a todo el mundo. De hecho, a la reina Victoria de Inglaterra le gustaban tanto las kentias que las tenía en todas sus residencias. Sus frondas verdes recuerdan a plumas y es posible que, al verlas, te dé la impresión de que la kentia puede ser una clienta difícil, pero es una planta muy adaptable. La kentia crece muy poco a poco y con una envergadura de alas impresionante, por lo que asegúrate de que dispone de espacio. Es ideal para estancias o pasillos oscuros porque soporta niveles de iluminación bajos. Rocíala con agua con regularidad y disfruta viéndola crecer.

Quítale el polvo pasándole un paño húmedo sobre las hojas. Te recompensará con su increíble capacidad purificadora del aire, del que elimina toxinas como el formaldehído y el amoníaco que, con frecuencia, se hallan en los productos de limpieza del hogar.

CÓMO HACERME FELIZ

Luz ☀
Me gusta la luz intensa e indirecta, pero tolero las zonas de sombra.

Seguridad ⚠
Soy segura tanto para los peludos como para los bebés de la casa.

Agua ◌
Riégame cuando los 5 cm (2 in) superiores de la tierra de la maceta estén secos.

Tamaño ↗
Hasta 2 m (6½ ft).

Purificación del aire ≋
Elimino las toxinas del aire de tu habitación.

EL CONSEJO DE JO
Las hojas de la kentia se volverán parduzcas si el aire es demasiado seco o si necesita más agua. Si la riegas demasiado, las puntas de las hojas se volverán amarillas.

Sansevieria mikado

SANSEVIERIA BACULARIS MIKADO

Sí, esta planta te recuerda a otra, ¿verdad? Es un híbrido compacto de la clásica lengua de tigre y debe su nombre a sus hojas altas y afiladas: *Bacularis* procede del latín *baculum*, que significa «vara» o «palo». Como buena sansevieria, es muy sufrida, apenas necesita cuidados y es una magnífica purificadora del aire.

Aunque a veces se la denomina dedos de bruja, por su aspecto, a mí me parece mucho más elegante que eso.

Es originaria de África Occidental, por lo que está habituada a condiciones secas. Ten cuidado y no la riegues en exceso. La mikado prefiere que el sustrato se seque entre un riego y otro. También le va muy bien en la sombra, así que la puedes colocar donde mejor te parezca.

CÓMO HACERME FELIZ

Luz ☼
Me gusta la luz intensa e indirecta.

Purificación del aire ≋
Elimino las toxinas del aire de tu habitación.

Agua ⬦
Riégame cuando la tierra de la maceta esté seca.

Seguridad ⚠
Mantenme alejada tanto de los peludos como de los bebés de la casa.

Tamaño ↗
Hasta 1 m (3 ft).

EL CONSEJO DE JO

Esta planta almacena agua en las hojas. Si las aprietas con suavidad y se hunden sin ofrecer resistencia, es señal de que la planta tiene sed.

Serpiente dorada

PHLEBODIUM AUREUM

La serpiente dorada es un helecho muy particular, con frondas alargadas verdiazules y un rizoma marrón y velloso. Es una epifita, lo que significa que, en estado silvestre, crece sobre otras plantas y árboles en lugar de directamente sobre el suelo. En su hábitat natural, las hojas pueden alcanzar 1,3 m (4 ft) de longitud, pero no te preocupes; en tu casa no alcanzarán ese tamaño.

Mantén a la serpiente dorada en un lugar iluminado pero alejado de la luz directa del sol, para que crezca. En los meses de verano la puedes dejar en exterior, pero acuérdate de volver a meterla dentro cuando se acerque el invierno. A esta planta le gusta la humedad, como la de su lugar de origen, las pluvisilvas tropicales de América del Sur, por lo que asegúrate de rociarla con agua con frecuencia y comprueba que el sustrato esté húmedo, pero no empapado. Estará encantada en el baño o en la cocina. En los meses más cálidos, riégala una vez a la semana o cuando la tierra parezca seca. En invierno, espacia los riegos.

CÓMO HACERME FELIZ

Luz ☼
Me gusta la luz intensa e indirecta, pero tolero las zonas de sombra.

Agua ◊
Riégame cuando los 5 cm (2 in) superiores de la tierra de la maceta estén secos.

Purificación del aire ≋
Elimino las toxinas del aire de tu habitación.

Seguridad ⚠
Soy segura tanto para los peludos como para los bebés de la casa.

Sizing ↗
Hasta 1 m (3 ft).

EL CONSEJO DE JO
A la serpiente dorada no le gusta que la rieguen directamente en el centro, así que riégala por los costados.

Yuca

YUCCA ELEPHANTIPES

La yuca solo tiene ventajas y es resistente, sufrida y vistosa. Es originaria de México, tiene hojas muy reconocibles por su forma de espada y crece con fuerza y sin necesidad de estacas ni de apoyos. Aunque crece con lentitud, ten paciencia, porque puede crecer hasta los 3 m (10 ft) de altura en interiores.

La familia de las yucas se compone de unas 40 especies. Es una de las pocas plantas que soporta la luz directa del sol, porque la ayuda a crecer. No la riegues en exceso y, si ves que las raíces se encharcan, atrasa el riego y asegúrate de que la maceta drene bien.

Esta planta puede soportar que te olvides de ella alguna vez, pero necesita que, de vez en cuando, le quites el polvo con un paño húmedo para desobstruir los poros de modo que pueda hacer la fotosíntesis con normalidad.

CÓMO HACERME FELIZ

Luz ☼

Me gusta la luz intensa e indirecta, pero tolero las zonas de sombra.

Seguridad ⚠

Mantenme alejada tanto de los peludos como de los bebés de la casa.

Agua ◊

Riégame cuando los 5 cm (2 in) superiores de la tierra de la maceta estén secos al tacto.

Tamaño ↗

Hasta 2,5 m (8 ft).

Purificación del aire ≋

Elimino las toxinas del aire de tu habitación.

EL CONSEJO DE JO

Propagar una yuca es sorprendentemente fácil. En la p. 28 aprenderás a hacerlo.

Pluma de indio

VRIESEA «ASTRID»

Esta planta de interior se merece un nombre tan rotundo como pluma de indio. Es una de las bromelias más comunes, florece durante 3-6 meses del año y sus flores son espectaculares. No te dejes intimidar por su aspecto: cuidar de ella es extraordinariamente sencillo.

Hay unas 250 variedades de *Vriesea*, una familia de plantas originaria de América del Sur y Central. En su hábitat nativo es epifita, lo que significa que, a pesar de que tiende a crecer sobre otras plantas (en lugar de en el suelo), no las daña en el proceso.

Es una planta tropical, por lo que sería comprensible que pensaras que requiere muchos cuidados, aunque no es así. Se alegrará si la mantienes en un entorno húmedo y la rocías con agua con frecuencia. Intenta agruparla con otras plantas tropicales, para aumentar la humedad de forma natural.

CÓMO HACERME FELIZ

Luz ☼
Me gusta la luz intensa e indirecta.

Agua ◊
Riégame cuando los 5 cm (2 in) superiores de la tierra de la maceta estén secos al tacto.

Purificación del aire ≋
Elimino las toxinas del aire de tu habitación.

Seguridad ⚠
Soy segura tanto para los peludos como para los bebés de la casa.

Tamaño ↗
Hasta 50 cm (20 in).

EL CONSEJO DE JO

La pluma de indio prosperará cerca de una ventana orientada al este o el oeste. Eso sí, evita la luz directa, porque le quemará las bonitas hojas.

Cactus espina de pescado

EPIPHYLLUM ANGULIGER

¡Nada huele a podrido por aquí! Este cactus original y atractivo procede de las pluvisilvas mexicanas y tiene unos tallos largos y planos con aspecto de raspa de pescado gracias a sus hojas lobuladas. Cuando brotan, los tallos crecen en vertical, pero se inclinan a medida que van creciendo.

A diferencia de lo que necesitan los cactus amantes de entornos áridos, este necesita que lo rocíes con agua con regularidad y un sustrato húmedo. Le encantan la humedad y la luz intensa e indirecta. No te sorprendas si algunos tallos adoptan una postura vertical: ¡eso quiere decir que la planta está hidratada de la raíz a las puntas! Si los tallos son demasiado largos, los puedes recortar. Con frecuencia, nuevos tallos brotan de los cortes, por lo que la planta quedará más compacta. Los tallos zigzagueantes quedan fantásticos si dejas que se descuelguen de una estantería.

CÓMO HACERME FELIZ

Luz ☼
Me gusta la luz intensa e indirecta.

Agua ◌
Riégame cuando la tierra de la maceta esté seca.

Bienestar ♡
Promuevo la relajación y mejoro el estado de ánimo.

Seguridad ⚠
Mantenme alejado tanto de los peludos como de los bebés de la casa.

Tamaño ↗
Hasta 1 m (3 ft).

EL CONSEJO DE JO

Propagar este cactus es muy fácil: basta con que cortes un tallo y lo coloques en agua hasta que aparezcan raíces. Entonces, plántalo en una maceta. ¡Vamos, tú puedes!

Palmera de salón

CHAMAEDOREA ELEGANS

Esta planta tropical es tan popular ahora como lo era hace ya casi 150 años. Los victorianos la adoraban y tú no podrás evitar adorarla también. Conocida por sus tallos largos y por su follaje verde, frondoso y plumoso, no solo tiene un aspecto fantástico, sino que puede presumir de una capacidad extraordinaria para purificar el aire. La palmera de salón procede de las pluvisilvas del sur de México, por lo que se puede adaptar a condiciones de luminosidad y de temperatura relativamente bajas.

En el interior, la palmera de salón puede alcanzar los 1,2 m (4 ft) de altura, pero crece poco a poco, así que no esperes que alcance esta altura de la noche a la mañana. Le gustan las condiciones húmedas y que la rocíen con agua de vez en cuando. Si ves que las puntas de las hojas se vuelven pardas, es que el nivel de humedad no es suficiente. También puede soportar que te olvides de ella de vez en cuando (¡aunque no te estoy diciendo que lo hagas!).

CÓMO HACERME FELIZ

Luz ☼
Me gusta la luz intensa e indirecta, pero tolero las zonas de sombra.

Agua ◊
Riégame cuando los 5 cm (2 in) superiores de la tierra de la maceta estén secos al tacto.

Purificación del aire ≋
Elimino las toxinas del aire de tu habitación.

Seguridad ⚠
Soy segura tanto para los peludos como para los bebés de la casa.

Tamaño ↗
Hasta 1,2 m (4 ft).

EL CONSEJO DE JO
Aunque esta planta crece con lentitud, la puedes ayudar si abonas el sustrato durante el periodo de crecimiento.

Potus/ Vid del diablo

EPIPREMNUM AUREUM

El potus es una planta de interior muy resistente e ideal para jardineros novatos. Desarrolla tallos trepadores muy largos, por lo que queda muy bien en estanterías o como planta colgante.

En algunas regiones, esta planta recibe el nombre de vid del diablo, por su capacidad para crecer en los troncos de los árboles y en la sombra. Es prácticamente imposible de matar, lo que es fantástico para los asesinos de plantas en serie. Si te olvidas de regarla, no te preocupes. Las hojas mustias revivirán en cuanto las riegues.

Asegúrate de que la mantienes húmeda: riégala cada semana y rocíala con agua con frecuencia, aunque en los meses de invierno necesitará menos agua. Crece con rapidez, así que si los tallos son demasiado largos, córtalos.

CÓMO HACERME FELIZ

Luz ☼
Me gusta la luz intensa e indirecta.

Agua ◊
Riégame cuando los 5 cm (2 in) superiores de la tierra de la maceta estén secos al tacto.

Purificación del aire ≋
Elimino las toxinas del aire de tu habitación.

Seguridad ⚠
Mantenme alejado tanto de los peludos como de los bebés de la casa.

Tamaño ↗
Hasta 2,5 m (8 ft).

EL CONSEJO DE JO
Es una de las plantas más fáciles de propagar. En la p. 28 aprenderás a hacerlo.

Ficus bonsái

FICUS GINSENG

¿Quieres un bonsái para principiantes? Ya puedes dejar de buscar: aquí tienes al ficus bonsái. De raíces muy grandes y hojas ovaladas, pertenece a la familia de las moráceas y se halla en todo el sur de Asia. Hay más de 2000 variedades de ficus en todo el mundo y esta es más que una cara bonita: hace siglos que la medicina tradicional china usa el ginseng para tratar todo tipo de dolencias, desde el estrés y la fatiga a la faringitis, aunque yo me conformo con que adorne mi casa.

Si podemos calificar de anciana y sabia a una planta, esa es el ficus bonsái. Con frecuencia las raíces se cultivan durante 15 años en invernaderos especializados.

El ficus bonsái es una planta sencilla que requiere cuidados mínimos, calor y luz indirecta. Si lo mantienes alejado del frío y de las corrientes de aire, todo irá bien.

CÓMO HACERME FELIZ

Luz ☼
Me gusta la luz intensa e indirecta.

Agua ◌
Riégame cuando los 5 cm (2 in) superiores de la tierra de la maceta estén secos al tacto.

Purificación del aire ≫
Elimino las toxinas del aire de tu habitación.

Seguridad ⚠
Mantenme alejado tanto de los peludos como de los bebés de la casa.

Tamaño ↗
Hasta 60 cm (2 ft).

EL CONSEJO DE JO

En los meses más cálidos, sácalo al balcón o a la terraza (siempre que lo mantengas al abrigo de la luz directa del sol). Asegúrate de que la temperatura no baje de los 12-15 °C (53-59 °F).

Áloe vera

ALOE BARBADENSIS

Me encantan las plantas multitarea y no hay ninguna mejor que el áloe vera. No solo es resistente y fácil de cultivar, sino que cuenta con unas capacidades curativas impresionantes. Los tallos contienen un gel transparente con 75 nutrientes beneficiosos para la salud e ideales para calmar picaduras de insecto, quemaduras e insolaciones.

En estado silvestre, el áloe puede crecer hasta 1 m de ancho. No te preocupes, eso no sucederá en casa, pero sí que puede llegar a ser muy pesado, así que plántalo en una maceta resistente.

El áloe vera es muy fácil de cuidar y, si alguna vez te saltas un riego, no te lo tendrá en cuenta. Normalmente tampoco necesitará que lo podes. Ten cuidado y no lo riegues en exceso, porque si la tierra está mojada un día tras otro, se le pudrirán las raíces.

CÓMO HACERME FELIZ

Luz ☼
Me gusta la luz intensa e indirecta.

Agua ◊
Riégame cuando la tierra de la maceta esté seca.

Purificación del aire ≋
Elimino las toxinas del aire de tu habitación.

Seguridad ⚠
Mantenme alejado tanto de los peludos como de los bebés de la casa.

Tamaño ↗
Hasta 60 cm (2 ft).

EL CONSEJO DE JO

Si no recibe la luz suficiente, el áloe vera entra en dormición y las hojas empiezan a apuntar hacia abajo. Si tienes un alféizar soleado, deposítalo ahí. El sufrido áloe vera es una de las pocas plantas que soportan la luz directa del sol.

Cactus espiral

CEREUS FORBESII SPIRALIS

El cactus espiral procede de América del Sur y, además de ser muy vistoso, es muy fácil de cuidar. Se lo reconoce con facilidad gracias a su forma esbelta y en espiral y su color verde azulado, aunque cada uno es absolutamente único. Comienza a retorcerse por sí mismo cuando alcanza una altura de unos 10 cm (4 in), sin necesidad de tutores.

El cactus espiral puede superar los 3 m (10 ft) de altura, así que ubícalo en algún lugar donde pueda crecer en vertical. Si le proporcionas los cuidados adecuados, quizás tengas la suerte de verlo florecer durante los meses de verano.

Es una planta muy fácil de cuidar, perfecta para las personas ajetreadas o recién llegadas al cuidado de las plantas. La única regla de oro es que no lo riegues en exceso. Tolera bien la sequía, así que es mejor que esperes a que la tierra se empiece a secar antes de regarlo de nuevo.

CÓMO HACERME FELIZ

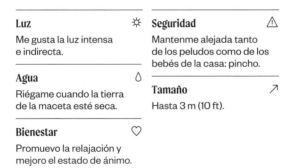

Luz ☼
Me gusta la luz intensa e indirecta.

Agua ◊
Riégame cuando la tierra de la maceta esté seca.

Bienestar ♡
Promuevo la relajación y mejoro el estado de ánimo.

Seguridad ⚠
Mantenme alejada tanto de los peludos como de los bebés de la casa: pincho.

Tamaño ↗
Hasta 3 m (10 ft).

EL CONSEJO DE JO

¿Tu cactus acumula polvo? Ármate con un pincel viejo o con un pincel de maquillaje que ya no uses y retira con suavidad el polvo o las telas de araña.

Flor de cera

HOYA LINEARIS

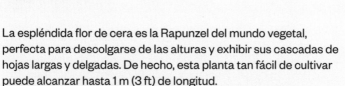

La espléndida flor de cera es la Rapunzel del mundo vegetal, perfecta para descolgarse de las alturas y exhibir sus cascadas de hojas largas y delgadas. De hecho, esta planta tan fácil de cultivar puede alcanzar hasta 1 m (3 ft) de longitud.

Con la exposición adecuada a la luz, esta planta te recompensará en primavera y verano con ramilletes de flores de color crema y que algunos dicen que despiden aroma a limón.

Cuidar de la flor de cera es muy sencillo y la puedes podar si quieres controlar la longitud y la frondosidad de los tallos, para evitar que queden demasiado largos y desnudos. Te agradecerá que la rocíes con agua con regularidad y que mantengas el sustrato húmedo, pero no empapado. Eso sí, acuérdate de espaciar los riegos en invierno, cuando entre en dormición.

CÓMO HACERME FELIZ

Luz ☀
Me gusta la luz intensa e indirecta.

Agua ◊
Riégame cuando los 5 cm (2 in) superiores de la tierra de la maceta estén secos al tacto.

Purificación del aire ≋
Elimino las toxinas del aire de tu habitación.

Seguridad ⚠
Mantenme alejada tanto de los peludos como de los bebés de la casa.

Tamaño ↗
Hasta 1 m (3 ft).

EL CONSEJO DE JO

Si las hojas se empiezan a arrugar, normalmente es señal de que la planta tiene sed.

Aralia

FATSIA JAPONICA

La aralia procede de Japón, Corea del Sur y Taiwán, donde vive en condiciones húmedas y abrigadas del frío y el viento. Las hojas tienen ocho lóbulos, a los que debe su nombre científico: *fatsia* significa «ocho» en japonés. Hay variedades de interior y de exterior.

Si quieres que tu aralia esté contenta, rocíala con agua con frecuencia pero evita regarla en exceso, porque tiende a la podredumbre de raíz. También le gusta extender las hojas, así que proporciónale el espacio que necesita para crecer.

Aunque sería comprensible que pensaras que esta planta de aspecto tropical exige muchos cuidados, lo cierto es que apenas te pedirá nada y crecerá hasta alcanzar un tamaño impresionante sin demasiado esfuerzo. Aunque resiste la mayoría de las condiciones, si quieres que prospere, proporciónale sol y sombra a partes iguales y protégela de las corrientes y de la luz directa del sol.

CÓMO HACERME FELIZ

Luz ☼
Me gusta la luz intensa e indirecta.

Agua ◊
Riégame cuando los 5 cm (2 in) superiores de la tierra de la maceta estén secos al tacto.

Purificación del aire ≋
Elimino las toxinas del aire de tu habitación.

Seguridad ⚠
Soy segura tanto para los peludos como para los bebés de la casa.

Tamaño ↗
Hasta 1,8 m (6 ft).

EL CONSEJO DE JO
Para que la planta conserve su aspecto compacto y simétrico, gírala un cuarto de vuelta cada semana.

Aspidistra

ASPIDISTRA ELATIOR

La aspidistra, también conocida como planta de hierro fundido, gusta a todo el mundo y, con sus fantásticas hojas con forma de remo y de color verde oscuro, anima cualquier estancia. Es muy fácil de cuidar y es célebre por su capacidad para soportar el olvido (de ahí su otro nombre). Prospera en zonas sin mucha luz y en lugares donde otras plantas no consiguen crecer.

Hay quien también la llama planta de bar, porque consigue sobrevivir en los antros más oscuros y llenos de humo. Aunque la puedes poner en cualquier sitio, intenta no exponerla a la luz directa del sol, para evitar que se le quemen las hojas.

No hay mucho que decir en cuanto a cuidados, porque esta planta prosperará incluso en manos del jardinero más olvidadizo y en el rincón más oscuro de tu casa. Sin embargo, le puedes demostrar que la quieres limpiándole las hojas con un paño húmedo para quitarle el polvo y desobstruirle los poros, de modo que pueda hacer la fotosíntesis y crecer. Necesitará que la replantes cada 4-5 años.

CÓMO HACERME FELIZ

Luz ☼
Me gusta la luz intensa e indirecta.

Agua ◊
Riégame cuando los 5 cm (2 in) superiores de la tierra de la maceta estén secos al tacto.

Purificación del aire ≋
Elimino las toxinas del aire de tu habitación.

Seguridad ⚠
Soy segura tanto para los peludos como para los bebés de la casa.

Tamaño ↗
Hasta 90 cm (3 ft).

EL CONSEJO DE JO
La aspidistra crece poco a poco, así que no te desanimes si la tuya solo produce 1 o 2 hojas nuevas al año. Es lo habitual.

Echeveria

ECHEVERIA

La echeveria es una planta perfecta para principiantes, porque cuidar de ella es increíblemente fácil y sobrevivirá incluso si te olvidas de ella de vez en cuando. Crece en una bonita forma de roseta y procede de México y de América Central y del Sur.

Esta suculenta del desierto pertenece a la familia de las crasuláceas y hay quien la llama suculenta de gallinas y pollitos, porque crece con rapidez y produce vástagos diminutos (clones de la planta original).

Cuidar de esta suculenta es muy fácil. Solo necesita luz intensa e indirecta y que seas comedido con el agua. Recuerda, ¡menos es más! Espera siempre a que la tierra de la maceta esté seca al tacto antes de regar y tu echeveria te agradecerá que le quites el polvo con regularidad.

CÓMO HACERME FELIZ

Luz ☼
Me gusta la luz intensa e indirecta.

Agua ◊
Riégame cuando la tierra de la maceta esté seca.

Bienestar ♡
Promuevo la relajación y mejoro el estado de ánimo.

Seguridad ⚠
Soy segura tanto para los peludos como para los bebés de la casa.

Tamaño ↗
Hasta 31 cm (12 in).

EL CONSEJO DE JO

No te preocupes si las hojas exteriores no parecen demasiado contentas. Es normal que las hojas más próximas al suelo se acaben arrugando y desprendiendo. Es el ciclo natural de las suculentas.

Hiedra

HEDERA HELIX

Es posible que estés acostumbrado a ver a este atemporal arbusto trepador en exteriores, pero has de saber que la hiedra se siente igual de cómoda en interiores.

El término *helix* del nombre científico procede del griego y alude a la capacidad de «girar y retorcerse» de los tallos a medida que crecen y rotan.

Si quieres que tu hiedra esté feliz y crezca sana, necesita un lugar soleado, por lo que colócala en algún sitio donde tenga la luz garantizada. Te agradecerá que la rocíes con agua con regularidad para que sus hojas tengan el mejor aspecto posible y acuérdate de esperar a ver la tierra de la maceta seca antes de regarla. Si no lo tienes claro, haz la prueba del dedo de la p. 121.

CÓMO HACERME FELIZ

Luz ☼
Me gusta la luz intensa e indirecta.

Agua ◊
Riégame cuando los 5 cm (2 in) superiores de la tierra de la maceta estén secos al tacto.

Purificación del aire ≋
Elimino las toxinas del aire de tu habitación.

Seguridad ⚠
Mantenme alejada tanto de los peludos como de los bebés de la casa.

Tamaño ↗
Hasta 1 m (3 ft).

EL CONSEJO DE JO

Si se dirige hacia la fuente de luz, es posible que la hiedra desarrolle tallos muy largos o se vuelva asimétrica. Si te sucede, pódala y acércala a la fuente de luz.

ELLE DECORATION Nº289 SEPTEMBER 2016 · NEW SEASON SIMPLICITY · ELLEDEC
ELLE DECORATION Nº302 FEBRUARY 2021 · WELCOME TO THE FUTURE · ELLEDECO
ELLE DECORATION Nº342 JULY 2020 · THE HEALTH ISSUE · ELLEDECO
ELLE DECORATION Nº335 NOVEMBER 2020 · THE ARCHITECTURE ISSUE · ELLEDEC
ELLE DECORATION Nº326 OCTOBER 2019 · DECORATE WITH PASSION · ELLEDEC
ELLE DECORATION Nº336 FEBRUARY 2020 · INTRODUCING 2020 · ELLEDEC
ELLE DECORATION Nº329 JANUARY 2020 · GET THE PARTY STARTED · ELLEDEC
HOUSE & GARDEN THOUGHTFUL LIVING IN THE HIGH NORTH
HOUSE & GARDEN APRIL 2021 · THE BEST IN INTERN
·HOUSE & GARDEN APRIL 2021 · HAPPY DESIGN · ELLEDEC
ELLE DECORATION Nº312 AUGUST 2018 · FESTIVE FLAIR · ELLEDEC
ELLE DECORATION Nº328 DECEMBER 2019 · THE WELLBEING ISSUE · ELLEDEC
ELLE DECORATION Nº299 JULY 2017 · THE COMFORT ZONE · ELLEDEC
ELLE DECORATION Nº355 NOVEMBER 2013 · TIME FOR CALM · ELLEDEC
ELLE DECORATION Nº333 APRIL 2020 · THE NEW SIMPLE · ELLEDEC
ELLE DECORATION Nº274 JUNE 2013 · COMFORT & JOY · ELLEDEC
ELLE DECORATION Nº340 DECEMBER 2020 · SPRING GREENS · ELLEDEC
ELLE DECORATION Nº310 JUNE 2018 · THE ART SPECIAL · ELLEDEC
ELLE DECORATION Nº248 AUGUST 2021 · DEFINING STYLE FOR MORE THAN 100 YEARS · ELLEDEC

Disciplinaria de Cuba

RHIPSALIS BACCIFERA «OASIS»

Esta planta tiene un aspecto magnífico y sus frondas zigzagueantes se convertirán en el foco de todas las miradas. Procede de América Central y del Sur y es una epífita, lo que significa que, en estado silvestre, tiende a crecer sobre y alrededor de árboles de la pluvisilva.

El nombre científico procede del griego para «cestería», en alusión a la forma de la planta. Para asegurarte de que prospera, comprueba que la maceta drene bien: usa una maceta con plato y cubre la superficie de este con guijarros, para evitar que las raíces estén nunca en contacto con agua encharcada. Le gusta el calor y la humedad, por lo que es una planta fantástica para el cuarto de baño.

Es sensible al exceso de agua (las raíces se pudren si permanecen húmedas), así que riégala solo cuando la capa superior de la tierra de la maceta esté seca al tacto. Sabrás que tiene sed si las hojas pierden rigidez.

CÓMO HACERME FELIZ

Luz ☼
Me gusta la luz intensa e indirecta.

Bienestar ♡
Promuevo la relajación y mejoro el estado de ánimo.

Agua ◌
Riégame cuando los 5 cm (2 in) superiores de la tierra de la maceta estén secos al tacto.

Seguridad ⚠
Mantenme alejada tanto de los peludos como de los bebés de la casa.

Tamaño ↗
Hasta 55 cm (21 in).

EL CONSEJO DE JO
Al igual que nos sucede a nosotros, este cactus necesita cortes de pelo regulares. Si tiene las puntas secas, recórtalas para estimular un crecimiento sano.

Aleta de ballena

SANSEVIERIA «VICTORIA»

Si andas buscando una planta minimalista pero que llame la atención y sorprenda, ya la has encontrado. Es cierto que solo tiene una hoja (semejante a la aleta de una ballena), pero es ahí donde reside su atractivo, precisamente.

Esta planta puede presumir de una de las tasas de conversión de dióxido de carbono en oxígeno más elevadas. ¡Impresionante! En estado silvestre puede alcanzar hasta los 4 m (13 ft) de altura, aunque no es algo que suceda de la mañana a la noche. Esta planta se toma las cosas con calma.

Cuidar de la aleta de ballena es muy fácil y tolerará que te olvides de ella de vez en cuando. Solo te tienes que asegurar de no regarla en exceso, para evitar la podredumbre de raíz.

CÓMO HACERME FELIZ

Luz ☼
Me gusta la luz intensa e indirecta.

Agua ◊
Riégame cuando los 5 cm (2 in) superiores de la tierra de la maceta estén secos al tacto.

Purificación del aire ≋
Elimino las toxinas del aire de tu habitación.

Seguridad ⚠
Mantenme alejada tanto de los peludos como de los bebés de la casa.

Tamaño ↗
Hasta 90 cm (3 ft).

EL CONSEJO DE JO

La hoja es la característica más extraordinaria de esta planta, así que acuérdate de limpiarla con un paño húmedo para quitarle el polvo. No uses abrillantador de hojas, porque es sensible a las sustancias químicas.

Areca

DYPSIS LUTESCENS

Si quieres traer el trópico a tu casa, deja de buscar: la areca es la respuesta. Esta planta frondosa recuerda a una palmera y su energía tropical recreará un trocito de paraíso en tu hogar. También es conocida por su capacidad para purificar el aire.

Esta planta tropical procede de Madagascar y, a veces, se la llama palma de frutos de oro o palma bambú. Le gustan los entornos luminosos, pero mantenla alejada de la luz directa para evitar que se le quemen las hojas.

Si puedes, riégala con agua de lluvia, porque no le gustan las sustancias químicas que acostumbran a poblar el agua de grifo. En cuanto a la necesidad de replantarla, la areca crece poco a poco, por lo que solo tendrás que hacerlo cada 2-3 años. Le gusta arrebujarse en macetas estrechas.

CÓMO HACERME FELIZ

Luz ☼
Me gusta la luz intensa e indirecta.

Agua ◌
Me gusta vivir en tierra húmeda.

Purificación del aire ≋
Elimino las toxinas del aire de tu habitación.

Seguridad ⚠
Soy segura tanto para los peludos como para los bebés de la casa.

Tamaño ↗
Hasta 1,8 m (6 ft).

EL CONSEJO DE JO

Si ves que las hojas se le vuelven marrones, es posible que la planta esté sufriendo por corrientes de aire frío o por un aire demasiado seco. Prueba a trasladarla a una zona más cálida o rocíala con agua con regularidad para aumentar el nivel de humedad.

Cica

CYCAS REVOLUTA

La cica es originaria de Japón y es una maravillosa planta ornamental con hojas plumosas de un verde oscuro y puntas afiladas que se abren como una corona a partir de un tronco central. También se la conoce como falsa palmera porque, a pesar de su aspecto, la cica no es una palmera, sino que pertenece a la familia de las cicadáceas, que habitan la tierra desde la prehistoria. A veces, se las llama «fósiles vivientes».

Si crees que puede invadir el salón, no te preocupes: crece muy despacio y tarda hasta cinco años en alcanzar su altura máxima. Gírala con regularidad para garantizar que crezca de un modo uniforme.

Cuidar de una cica es muy fácil, pero necesita que la rocíes con agua con frecuencia para replicar su entorno tropical natural. Quítale el polvo de vez en cuando, para desobstruir los poros y ayudar a la planta a respirar. Protégela de la luz directa del sol, que le quemaría las hojas. Busca un lugar luminoso, pero con luz indirecta.

CÓMO HACERME FELIZ

Luz ☀
Me gusta la luz intensa e indirecta.

Purificación del aire ≋
Elimino las toxinas del aire de tu habitación.

Agua ◊
Riégame cuando los 5 cm (2 in) superiores de la tierra de la maceta estén secos al tacto.

Seguridad ⚠
Mantenme alejada tanto de los peludos como de los bebés de la casa.

Tamaño ↗
Hasta 80 cm (2 ft 7 in).

EL CONSEJO DE JO

La coloques donde la coloques, asegúrate de que tenga espacio suficiente para que sus anchas frondas se puedan extender. En los meses más cálidos, la puedes colocar en el exterior, incluso.

Cola de burro

SEDUM MORGANIANUM

La cola de burro es una planta muy divertida, con sus tallos colgantes cubiertos de hojas verdes y rechonchas y su aspecto marciano. Procede del sur de México y adora el sol. De hecho, su superpoder es que crece con más fuerza bajo la luz directa del sol. Incluso es posible que florezca en verano, con flores rosas o rojas con forma de estrella al final de los tallos.

Debe su nombre a que, como ya habrás supuesto, los tallos carnosos cuelgan como... sí, exacto: ¡como colas de burro!

Es una suculenta y almacena agua en las hojas. En verano, bastará con que la riegues cuando notes la tierra seca al tacto. En invierno necesitará aún menos hidratación.

CÓMO HACERME FELIZ

Luz ☼
Me gusta la luz intensa e indirecta.

Agua ◊
Riégame cuando los 5 cm (2 in) superiores de la tierra de la maceta estén secos al tacto.

Bienestar ♡
Promuevo la relajación y mejoro el estado de ánimo.

Seguridad ⚠
Soy segura tanto para los peludos como para los bebés de la casa.

Tamaño ↗
Hasta 90 cm (3 ft).

EL CONSEJO DE JO

¡Trátala con delicadeza! Los tallos son frágiles y las hojas se rompen y se caen cuando se las manipula o se las mueve. De todos modos, no te preocupes, porque es fácil propagar plantas nuevas con las hojas caídas.

Árbol africano de leche

EUPHORBIA TRIGONA

Esta planta de aspecto único se la llama cactus, pero en realidad es una suculenta. Procede de África Occidental, aunque también la encontrarás en el Asia tropical y en India. Tiene espinas a lo largo de los tallos y hojas pequeñas que cubren los bordes de los tallos y del tronco. Le encanta la luz directa, así que es una planta ideal para las ventanas soleadas.

El nombre común de la planta, árbol africano de leche, alude a la savia lechosa que hay en el interior de los tallos. También se la conoce como cactus catedral, así que elige el nombre que prefieras. Crece con rapidez y eso también forma parte de la diversión.

El árbol africano de leche necesita pocos cuidados, pero recuerda que tendrás que quitarle el polvo para desobstruir los poros y ayudarlo a respirar. También tiende a pesar más en la parte superior, porque las raíces son pocos profundas y los tallos pesan mucho, por lo que, si es necesario, usa cañas para estabilizarlo.

CÓMO HACERME FELIZ

Luz ☼
Me gusta la luz intensa y directa.

Agua ◊
Riégame cuando los 5 cm (2 in) superiores de la tierra de la maceta estén secos al tacto.

Bienestar ♡
Promuevo la relajación y mejoro el estado de ánimo.

Seguridad ⚠
Mantenme alejado tanto de los peludos como de los bebés de la casa.

Tamaño ↗
Hasta 1,8 m (6 ft).

EL CONSEJO DE JO

Ponte guantes siempre que vayas a manipular o a podar esta planta espinosa, porque la savia es tóxica y te podría irritar la piel.

Cinta

CHLOROPHYTUM COMOSUM

La cinta es una planta clásica y muy conocida y se encuentra de forma natural en el Pacífico Sur y en el sur de África. Tiene un característico follaje variegado que recuerda a largas hojas de hierba y, con los cuidados adecuados, produce unas florecillas que se acaban convirtiendo en cintas bebé... ¡o cintitas!

Hay más de 200 especies de cintas y, en estado silvestre, pueden crecer hasta 60 cm (2 ft).

Es una planta de interior de muy bajo mantenimiento, ideal para jardineros novatos o muy ajetreados. Las puntas de las hojas se pueden secar y volver pardas, pero es normal. Basta con que la rocíes con agua con regularidad y la recortes a medida que sea necesario. No te preocupes. Crece con mucha rapidez, por lo que se recuperará en un abrir y cerrar de ojos.

CÓMO HACERME FELIZ

Luz ☼
Me gusta la luz intensa e indirecta.

Agua ◊
Riégame cuando los 5 cm (2 in) superiores de la tierra de la maceta estén secos al tacto.

Purificación del aire ≋
Elimino las toxinas del aire de tu habitación.

Seguridad ⚠
Soy segura tanto para los peludos como para los bebés de la casa.

Tamaño ↗
Hasta 60 cm (2 ft).

EL CONSEJO DE JO

¿No sabes qué regalar? Intenta propagar uno de sus esquejes en un jarrón lleno de agua. Al cabo de 3 semanas ya la podrás plantar y será el regalo perfecto para un ser querido.

Nopalillo cegador

OPUNTIA MICRODASYS

Las areolas de este cactus tienen un aspecto achuchable y las espinas de aspecto velloso (gloquidios) se les clavan en los ojos a los animales que pastan y pueden causarles ceguera, de ahí su nombre. Es originario del norte de México y de las regiones desérticas de Arizona y es una de las plantas inmortales más populares.

En estado silvestre y cuando madura, el nopalillo cegador se puede extender y crecer hacia afuera hasta cubrir 60-150 cm de terreno, aunque en casa no alcanzará semejantes dimensiones.

Al contrario de lo que creen los cuidadores de cactus novatos, estas plantas necesitan que se las riegue con regularidad, al menos en verano. Riégalo cuando notes la tierra seca al tacto. Es posible que, en los meses más frescos, solo necesite un poco de agua cada 3-4 semanas.

Ponte guantes siempre que vayas a manipular esta planta, para evitar que la piel entre en contacto con las glóquidas.

CÓMO HACERME FELIZ

Luz ☼
Me gusta la luz intensa e indirecta.

Agua ⬦
Riégame cuando los 5 cm (2 in) superiores de la tierra de la maceta estén secos al tacto.

Bienestar ♡
Promuevo la relajación y mejoro el estado de ánimo.

Seguridad ⚠
Mantenme alejado tanto de los peludos como de los bebés de la casa.

Tamaño ↗
Hasta 60 cm (2 ft).

EL CONSEJO DE JO

Aunque no te lo parezca, propagar el nopalillo cegador es fácil y divertido: basta con que cortes una de las areolas y la plantes directamente en el suelo.

Crotón

CODIAEUM VARIEGATUM

El extraordinario crotón siempre se convierte en el foco de todas las conversaciones. Le encanta exhibirse y es originario de Asia y de la región del Pacífico occidental. La mayoría de personas quedan cautivadas por sus patrones variegados, sus formas interesantes y sus hojas brillantes de colores otoñales.

El crotón puede ser sensible al cambio: cuando lo replantes, devuélvelo al sitio donde estaba.

Le gusta vivir en una tierra siempre húmeda (¡no encharcada!) y que lo rocíen con agua con regularidad. Si las hojas apuntan al suelo, es una señal clara de que tiene sed. El crotón adora el sol, así que colócalo en la estancia orientada al sur más iluminada de la casa. Soporta incluso la luz directa del sol.

CÓMO HACERME FELIZ

Luz ☼
Me gusta la luz intensa e indirecta y también puedo soportar la luz directa del sol de vez en cuando.

Agua ◊
Me gusta vivir en tierra húmeda.

Purificación del aire ≋
Elimino las toxinas del aire de tu habitación.

Seguridad ⚠
Mantenme alejado tanto de los peludos como de los bebés de la casa.

Tamaño ↗
Hasta 1 m (3 ft).

EL CONSEJO DE JO
Las pulidas hojas de esta planta necesitan que les quites el polvo con regularidad para desobstruir los poros y estimular un crecimiento saludable.

Nolina despeinada

BEAUCARNEA RECURVATA

La nolina despeinada es oriunda de México, por lo que tolera entornos secos y áridos y almacena agua en el tronco. Las hojas largas y móviles que crecen del extremo superior del tronco recuerdan a una melena despeinada.

Aunque el nombre común de la planta describe a la perfección sus hojas, también se la conoce como pata de elefante o palma barrigona. ¡Son descripciones perfectas del voluminoso tronco!

Es una planta muy sufrida y puede resistir hasta 2-3 semanas sin agua (no te lo tomes como una sugerencia para olvidarte de ella a propósito). Recuerda que en invierno entrará en estado de dormición, por lo que no necesitará tanta agua ni alimento, si es que los necesita en absoluto.

CÓMO HACERME FELIZ

Luz ☼
Me gusta la luz intensa e indirecta, aunque tolero la luz directa ocasional.

Seguridad ⚠
Soy segura tanto para los peludos como para los bebés de la casa.

Agua ⬡
Riégame cuando la tierra de la maceta esté seca.

Tamaño ↗
Hasta 1,8 m (6 ft).

Bienestar ♡
Promuevo la relajación y mejoro el estado de ánimo.

EL CONSEJO DE JO

La nolina despeinada tolera la luz directa del sol y crece de forma natural hacia la luz, por lo que tendrás que darle un cuarto de vuelta cada mes si quieres que crezca de forma homogénea.

Cactus brasileño

PILOSOCEREUS CHRYSOSTELE

El cactus brasileño es célebre por su piel azul y su vello fino. Tiene aspecto de árbol y puede desarrollar flores tubulares.

En estado silvestre, puede crecer hasta 3 m (10 ft) de altura y adora el sol. Cuanto más luminoso sea el lugar donde lo coloques, mejor.

Estos cactus crecen con rapidez y necesitan un buen drenaje que asegure que las raíces no están en agua encharcada. Proceden de Brasil, por lo que les gustan las condiciones cálidas y tropicales. Si los proteges del frío y no los riegas en exceso, cuidar de ellos es facilísimo.

CÓMO HACERME FELIZ

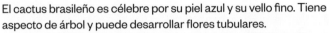

Luz ☼
Me gusta la luz intensa e indirecta.

Agua ◌
Riégame cuando los 5 cm (2 in) superiores de la tierra de la maceta estén secos al tacto.

Bienestar ♡
Promuevo la relajación y mejoro el estado de ánimo.

Seguridad ⚠
Mantenme alejado tanto de los peludos como de los bebés de la casa: pincho.

Tamaño ↗
Hasta 3 m (10 ft).

EL CONSEJO DE JO

Te recomiendo que uses el truco del cubito de hielo para regarlo: pon un cubito sobre el sustrato una vez a la semana y deja que se funda poco a poco. Así proporcionarás a la planta la cantidad perfecta de agua.

Drácena

DRACAENA STEUDNERI

Esta drácena es oriunda de los trópicos africanos, donde con frecuencia se usa como planta ornamental de exterior. Es una fantástica purificadora de aire, por lo que es ideal en los dormitorios y en los despachos.

Esta planta forma parte de la familia del espárrago y su nombre deriva del griego *drakaina* («dragón hembra»), porque se dice que la resina roja de los tallos se asemeja a la sangre de dragón.

Te agradecerá que le limpies las hojas con un paño húmedo para retirar el polvo y desobstruir los poros y ayudarla así a respirar y a crecer. También le gusta que la rocíen con agua con regularidad, porque eso replica su entorno húmedo natural. Si quieres estimular el crecimiento de una planta más frondosa, pódala durante el periodo de crecimiento (de abril a septiembre).

CÓMO HACERME FELIZ

Luz ☼
Me gusta la luz intensa e indirecta, pero también tolero las zonas de sombra.

Agua ◊
Riégame cuando los 5 cm (2 in) superiores de la tierra de la maceta estén secos al tacto.

Purificación del aire ≋
Elimino las toxinas del aire de tu habitación.

Seguridad ⚠
Mantenme alejada tanto de los peludos como de los bebés de la casa.

Tamaño ↗
Hasta 1,8 m (6 ft).

EL CONSEJO DE JO

Las hojas son la clave de esta planta. Se pueden decolorar si las riegas en exceso y, si dejas que pasen sed, se encogerán por los bordes.

Bola de oro

ECHINOCACTUS GRUSONII

El cactus bola de oro es originario de México, donde ahora está en peligro en estado silvestre. Este cactus de aspecto extraordinario tiene forma de globo y, como su nombre indica, es perfectamente redondo cuando es joven. Tiene costillas profundas con espinas doradas que crecen con la edad. A veces recibe el nombre de asiento de suegra, algo sobre lo que no pienso decir ni una sola palabra.

Crece muy lentamente y, aunque puede alcanzar los 50 cm (20 in) de altura, puede tardar hasta 20 años en conseguirlo.

Al igual que la mayoría de los cactus, esta planta es de muy bajo mantenimiento y puede soportar la luz plena y directa. Durante los meses más cálidos, riégalo cuando los 5 cm (2 in) superiores de tierra de la maceta estén secos al tacto. En invierno, reduce el riego significativamente y recuerda la regla de oro: el exceso de agua causa podredumbre de la raíz, así que menos es más.

CÓMO HACERME FELIZ

Luz ☼
Me gusta la luz intensa e indirecta.

Agua ◊
Riégame cuando la tierra de la maceta esté seca.

Bienestar ♡
Promuevo la relajación y mejoro el estado de ánimo.

Seguridad ⚠
Mantenme alejado tanto de los peludos como de los bebés de la casa: pincho.

Tamaño ↗
Hasta 50 cm (20 in).

EL CONSEJO DE JO
Usa un pincel viejo para retirar el polvo y las telas de araña. ¡Si usas un paño, la situación se volverá muy espinosa!

Planta de lotería

DIEFFENBACHIA CAMILLA

La planta de lotería crece de forma natural en las junglas de Brasil. Es una planta que apenas necesita mantenimiento y que se reconoce con facilidad por su largo tallo central con

Las hojas contienen una sustancia tóxica que puede adormecer temporalmente las cuerdas vocales si se ingiere, pero no dejes que esto te desanime. Limítate a asegurarte de que esté fuera del alcance de las mascotas y de los niños de la casa.

No la riegues en exceso. La tierra debe estar húmeda, pero no empapada, y, en invierno, has de reducir la cantidad de agua que le aportas. Rociarla con agua de vez en cuando también la ayudará a conservar el mejor aspecto posible. Quítales el polvo a las hojas una vez al mes para desobstruir los poros y dale un cuarto de vuelta a la maceta con regularidad para que crezca de forma homogénea. ¡Basta con esto para tenerla contenta!

CÓMO HACERME FELIZ

Luz ☼
Me gusta la luz intensa e indirecta.

Agua ◊
Riégame cuando los 5 cm (2 in) superiores de la tierra de la maceta estén secos al tacto.

Purificación del aire ≋
Elimino las toxinas del aire de tu habitación.

Seguridad ⚠
Mantenme alejada tanto de los peludos como de los bebés de la casa.

Tamaño ↗
Hasta 1,5 m (5 ft).

EL CONSEJO DE JO

Es posible que, de vez en cuando, las hojas inferiores se vuelvan amarillas. Aunque es absolutamente normal, pódalas si quieres evitar que la planta desperdicie energía en ellas.

Haworthia

HAWORTHIA

Este cactus monísimo y compacto se caracteriza por sus hojas carnosas agrupadas en forma de roseta y con motitas blancas. ¿Te resulta familiar? Hay quien compara las haworthias con el áloe vera y es que son parientes, ya que ambas plantas pertenecen a la familia de las asfodeláceas.

La planta lleva el nombre del botánico británico Adrian Hardy Haworth y propagarla es muy sencillo, si te apetece tener varias (p. 28).

Es oriunda de Sudáfrica y cuidar de ella es muy fácil y sencillo. Basta con que la riegues una vez al mes o cuando veas que la tierra de la maceta está seca. Eso sí, evita regar directamente la corona o la roseta, porque la podrías dañar. Riega la tierra. También tolera la luz directa del sol ocasional.

CÓMO HACERME FELIZ

Luz ☼
Me gusta la luz intensa e indirecta.

Agua ◊
Riégame cuando la tierra de la maceta esté seca.

Bienestar ♡
Promuevo la relajación y mejoro el estado de ánimo.

Seguridad ⚠
Mantenme alejada tanto de los peludos como de los bebés de la casa: pincho.

Tamaño ↗
Hasta 20 cm (8 in).

EL CONSEJO DE JO
Este cactus crece despacio, pero no te desanimes. Si lo tratas bien, florecerá en verano.

Lirio de la paz

SPATHIPHYLLUM

El lirio de la paz, de aspecto impresionante y de alma serena, es una planta magnífica en todos los aspectos. Dada su belleza, sería comprensible que pensaras que es difícil de cuidar, pero nada más lejos de la realidad. Además, según la NASA, es una de las plantas que mejor purifican el aire.

Según el arte chino del feng shui, los lirios de la paz limpian la energía de la estancia en que se hallan y traen paz y tranquilidad a tu hogar. Si le das luz suficiente, te recompensará con un crecimiento muy rápido. Si las hojas empiezan a apuntar al suelo, dale de beber y se recuperará en un santiamén.

El lirio de la paz se siente como en casa en el cuarto de baño, donde la humedad le recuerda a su jungla natal.

CÓMO HACERME FELIZ

Luz ☼
Me gusta la luz intensa e indirecta.

Agua ◊
Riégame cuando los 5 cm (2 in) superiores de la tierra de la maceta estén secos al tacto.

Purificación del aire ≋
Elimino las toxinas del aire de tu habitación.

Seguridad ⚠
Mantenme alejado tanto de los peludos como de los bebés de la casa.

Tamaño ↗
Hasta 60 cm (2 ft).

EL CONSEJO DE JO

No te asustes si las hojas o las flores del lirio de la paz se marchitan. Córtalas para estimular brotes nuevos.

Collar de jade

CRASSULA MARNERIANA

Esta planta no es una suculenta al uso: sus hojas apiladas y de bordes rosados le dan un aspecto muy poco habitual y explican su nombre común. Es oriunda de Sudáfrica y Mozambique y será una elemento único y llamativo entre tu colección de plantas. A veces la llaman planta gusano, pero es un nombre que no hace justicia a su belleza.

El collar de jade no sufre en invierno y puede producir florecitas con forma de estrella incluso en los meses más fríos. Queda muy vistoso si dejas que se descuelgue de una estantería o de una maceta colgante.

Es una planta ideal para principiantes, porque es muy fácil de cuidar y retiene agua en los tallos. Necesita que la riegues muy poco: espera siempre a que la tierra de la maceta se haya secado antes de volver a regarla.

CÓMO HACERME FELIZ

Luz ☼
Me gusta la luz intensa e indirecta, pero tolero la luz directa del sol de vez en cuando.

Agua 💧
Riégame cuando la tierra de la maceta esté seca.

Bienestar ♡
Promuevo la relajación y mejoro el estado de ánimo.

Seguridad ⚠
Mantenme alejada tanto de los peludos como de los bebés de la casa.

Tamaño ↗
Hasta 20 cm (8 in).

EL CONSEJO DE JO

Por lo general, el collar de jade tolera las estrecheces, por lo que puede vivir en la misma maceta durante años sin inmutarse.

Calatea de terciopelo

CALATHEA RUFIBARBA

Esta fantástica planta es nativa del trópico americano. Sus hojas estrechas son muy características, porque presentan un color verde intenso en la parte superior y morado oscuro en la inferior. La planta debe su nombre común a la textura aterciopelada del envés de las hojas. La calatea de terciopelo no solo es bonita, sino que también es muy efectiva como purificadora del aire y, por lo tanto, es perfecta para el despacho o el dormitorio. Cuando alcanza la madurez, puede llegar a 1 m (3 ft) de altura, por lo que si crece demasiado para el escritorio, quedará fantástica en el suelo. La calatea de terciopelo prefiere un entorno húmedo, por lo que es importante que la rocíes con agua con regularidad. Pásale un paño húmedo por las hojas con frecuencia para desobstruir los poros. La tierra de la maceta ha de estar húmeda (no empapada), así que intenta no esperar a que se seque del todo. Por último, reduce el riego durante los meses de invierno.

CÓMO HACERME FELIZ

Luz ☼
Me gusta la luz intensa e indirecta.

Agua ◊
Me gusta vivir en tierra húmeda.

Purificación del aire ≋
Elimino las toxinas del aire de tu habitación.

Seguridad ⚠
Soy segura tanto para los peludos como para los bebés de la casa.

Tamaño ↗
Hasta 1 m (3 ft).

EL CONSEJO DE JO

Si los bordes de las hojas se vuelven marrones, aumenta la humedad: junta las plantas tropicales de casa para ayudarlas a crear su propio microclima.

Filodendro trepador

PHILODENDRON SCANDENS

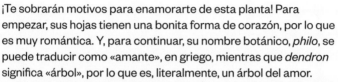

¡Te sobrarán motivos para enamorarte de esta planta! Para empezar, sus hojas tienen una bonita forma de corazón, por lo que es muy romántica. Y, para continuar, su nombre botánico, *philo*, se puede traducir como «amante», en griego, mientras que *dendron* significa «árbol», por lo que es, literalmente, un árbol del amor.

Hay 489 especies de filodendro, así que si las quieres todas, ya puedes ir empezando. Crece con rapidez, pero si los tallos crecen demasiado, puedes cortarlos sin problemas. No te preocupes si las hojas nuevas son de un verde pálido. Se oscurecerán con la edad.

Es una planta de interior sufrida y fácil de cuidar. Conviene que le quites el polvo con regularidad, para desobstruir los poros, y que la riegues cada semana y la rocíes con agua con frecuencia. Sin embargo, asegúrate de que la tierra esté totalmente seca al tacto antes de volver a regarla.

CÓMO HACERME FELIZ

Luz ☼
Me gusta la luz intensa e indirecta.

Purificación del aire ≋
Elimino las toxinas del aire de tu habitación.

Agua ◌
Riégame cuando los 5 cm (2 in) superiores de la tierra de la maceta estén secos al tacto.

Seguridad ⚠
Mantenme alejado tanto de los peludos como de los bebés de la casa.

Tamaño ↗
Hasta 1,5 cm (5 ft).

EL CONSEJO DE JO

Si quieres estimular un follaje más tupido, corta los tallos por debajo de un nodo. Usa el tallo cortado como un esqueje con el que propagar la planta.

Drácena de hoja fina

DRACAENA MARGINATA

Esta planta es uno de los árboles de interior más fáciles de cultivar y es perfecta para los jardineros novatos, porque puede sobrevivir hasta en los rincones más oscuros. De todos modos, te recomendamos que la pongas en un lugar de honor, porque es todo un espectáculo.

Es una planta alta, pero crece con lentitud, así que no esperes grandes cambios. Disfrútala por sus cualidades purificadoras del aire, que le permiten eliminar las toxinas más habituales en el aire que respiramos.

Demuéstrale que la quieres proporcionándole humedad y rociándole con agua las hojas con frecuencia. Mantén la tierra húmeda, pero no la riegues hasta que se empiece a secar.

CÓMO HACERME FELIZ

Luz ☼
Me gusta la luz intensa e indirecta.

Agua ◊
Riégame cuando los 5 cm (2 in) superiores de la tierra de la maceta estén secos al tacto.

Purificación del aire ≋
Elimino las toxinas del aire de tu habitación.

Seguridad ⚠
Mantenme alejada tanto de los peludos como de los bebés de la casa.

Tamaño ↗
Hasta 1,8 m (6 ft).

EL CONSEJO DE JO
Esta planta de interior deja caer las hojas inferiores a medida que crece, por lo que no te preocupes: es normal. Córtalas para que la planta pueda invertir esa energía en brotes nuevos.

Helecho de nido de ave

ASPLENIUM NIDUS

Los helechos tienen la reputación de ser las divas del mundo vegetal, pero no arredres. El helecho de nido de ave es una planta tan resistente como la que más. Es fantástico, porque no solo tiene unas maravillosas hojas onduladas, sino que es una de las plantas de interior más longevas. Por si eso fuera poco, también purificará el aire de tu casa.

El helecho nido de ave es un epifito, por lo que en su hábitat natural en el Sureste Asiático es habitual verlo creciendo en las ramas de otros árboles en lugar de en el suelo.

Gíralo con regularidad para que crezca de un modo uniforme. También le gusta que lo rocíen con agua con regularidad o, si lo prefieres, ubícalo en el cuarto de baño para asegurarte de que obtiene la humedad del vapor de la ducha.

CÓMO HACERME FELIZ

Luz ☼
Me gusta la luz intensa e indirecta.

Agua ◊
Riégame cuando los 5 cm (2 in) superiores de la tierra de la maceta estén secos al tacto.

Purificación del aire ⪼
Elimino las toxinas del aire de tu habitación.

Seguridad ⚠
Soy seguro tanto para los peludos como para los bebés de la casa.

Tamaño ↗
Hasta 80 cm (2 ft 7 in).

EL CONSEJO DE JO

Mantén al helecho de nido de ave a al menos 1 m (3 ft) de distancia de las fuentes de calor o de las ventanas abiertas y corrientes de aire si no quieres que se seque.

Parte 3

SOS vegetal

PRIMEROS AUXILIOS

TRUCOS VERDES

GLOSARIO

Primeros auxilios

Exceso de riego

La frase «matar por amor» se puede convertir en una amenaza real si se traduce en regar en exceso a las plantas de interior. No te preocupes si te has pasado un poco: lo puedes solucionar facilitando el drenaje de la maceta y esperando a que la tierra se seque antes de volver a regar la planta. Haz siempre la prueba del dedo (página siguiente) antes de regar. Por otro lado, pon la planta a la sombra. Cuando una planta sufre por exceso de agua, tiene dificultades para hacer que esta llegue a las hojas superiores, por lo que la parte superior corre peligro de secarse si queda expuesta a la luz directa del sol.

Hojas marrones/secas

La pérdida de brillo de las hojas de la planta es un signo habitual de falta de humedad, que hace que las hojas se ricen y se sequen. Soluciónalo asegurándote de que la planta no esté cerca de una fuente de calor, como radiadores, ni de ventanas que dejen pasar la corriente y rocíala con regularidad con agua tibia.

Pérdida de hojas

El estrés es la causa más habitual de la caída de las hojas. Las plantas son seres muy sensibles y, si cambias súbitamente las condiciones a las que están acostumbradas o si se tienen que adaptar a un nuevo hogar, es muy posible que se estresen. No te preocupes, porque se trata de una afección pasajera. Una vez se haya acostumbrado al entorno nuevo, la planta recuperará la salud. De todos modos, intenta no mover las plantas demasiado.

Falta de crecimiento

Ver que la planta apenas crece puede resultar muy frustrante. Si quieres estimular el crecimiento, reevalúa la necesidad de luz y de agua de la planta. Tanto el exceso como el defecto de uno o de ambos pueden frenar el crecimiento. Ten en cuenta la estación, porque en los meses de verano puedes esperar un crecimiento más rápido, que puedes favorecer añadiendo abono. Para terminar, otra posible explicación es que las raíces de la planta hayan crecido demasiado para la maceta, por lo que deberías replantarla en otra más grande (p. 24).

Bichos

Si ves moscas diminutas revoloteando alrededor de tu planta, no te preocupes porque es algo absolutamente normal y casi inevitable si tienes una familia vegetal numerosa. Para eliminarlas, prepara una solución jabonosa con agua templada y lavavajillas. Mete la solución en un pulverizador y rocía las plantas dos veces a la semana. Las moscas habrán desaparecido a los siete días.

Tallos largos y sin hojas

Soñamos con plantas fuertes y frondosas, pero la realidad con que nos encontramos está repleta de tallos finos y desnudos. ¿Te pasa a ti también? Cuando las plantas empiezan a tener este aspecto, suele ser porque crecen rápidamente, pero sin fuerza, en busca de una fuente de luz. Lo puedes corregir investigando cuánta luz necesita tu planta y trasladándola a la ubicación adecuada. Intenta recortar los tallos al principio de la primavera, para estimular el crecimiento de brotes nuevos y ayudar a la planta a conseguir un aspecto más frondoso y tupido.

Test del dedo para las hojas amarillas

¿Las hojas son más amarillas que verdes? Es muy probable que el agua sea la responsable, ya sea por exceso o por defecto. Una buena manera de comprobar si la planta necesita agua es introducir un dedo en los primeros 5 cm (2 in) de tierra y comprobar lo húmeda o seca que está. En función del resultado del test, sabrás si la planta necesita más agua.

Raíces a la fuga

Si las raíces de la planta se salen de la maceta, es una señal evidente de que necesitan un contenedor más grande (p. 24).

Planta mustia/alicaída

Si tu planta parece decaída y no sabes muy bien por qué, levanta el capó para ver qué esconde. Separa a golpecitos la maceta de la tierra de la planta y examina las raíces. Si son blancas y fuertes, están sanas. Si están negras o muy blandas, es posible que estén enfermas o que sufran por un exceso de agua o una infestación.

Trucos verdes

Cuidar de una planta puede ser complicado, por lo que merece la pena contar con algunos ases en la manga que ayuden a tu familia verde a prosperar.

EL TRUCO DEL CUBITO DE HIELO

Es ideal para quienes tienden a olvidarse de las plantas o tienen una vida tan ajetreada que no siempre se acuerdan de regarlas con regularidad. Coloca un cubito de hielo sobre la tierra de la maceta (eso sí, asegúrate de que las hojas no entren en contacto con él). El cubito se fundirá lentamente e hidratará la tierra y la planta poco a poco. ¡Genial! Usa este truco con plantas que necesiten poca agua: un cubito a la semana si son plantas pequeñas de sobremesa y dos o tres para las más grandes.

EL TRUCO DE LOS PALILLOS CHINOS

El humilde palillo chino te puede ayudar a decidir si la planta necesita agua o no. Clava el palillo (o una brocheta de madera) en la tierra. Si sale con trocitos de tierra pegados, es que está húmeda. Si sale limpio, es hora de regar. Es el mismo principio que cuando clavamos la punta de un cuchillo en un bizcocho para ver si se ha acabado de hacer o no.

EL TRUCO DE LA ESPONJA

¡La esponja de baño tiene utilidad más allá de la ducha! La próxima vez que replantes una de tus plantas, mete una esponja en el fondo de la maceta, debajo de la tierra. Absorberá el exceso de agua y ejercerá de reserva de agua, con la que las raíces se podrán hidratar si lo necesitan. Es otro truco fantástico si te olvidas con frecuencia de regar a tus plantas sedientas.

REGAR DESDE LA RAÍZ   Cuando tengas que regar las plantas (consulta el truco del dedo de la p. 121), les irá mejor si lo haces desde la raíz. Deposita la maceta sobre un plato hondo o una bandeja con 2 cm (1 in) de agua. La planta la absorberá desde abajo durante hasta 30 minutos o hasta que la humedad haya llegado a las capas superiores. Así, las raíces se hidratan de un modo homogéneo.

AGUA DE LLUVIA   Regar las plantas con agua de lluvia es una manera fantástica de mejorar su salud. El agua de lluvia es más blanda que la de grifo, por lo que es menos probable que altere a la planta. Además, contiene más oxígeno, por lo que ayuda a las plantas a respirar mejor.

BANDEJA DE GRAVA   Para aumentar la humedad, cubre el fondo de un vaso con grava o guijarros pequeños. Añade agua, pero asegúrate de que las piedras asomen sobre la superficie, para que la planta no quede sumergida en el agua. Añade agua a medida que vaya despareciendo. ¡Fácil!

Glosario

DORMICIÓN

Es el equivalente vegetal del «modo de ahorro de energía». En otras palabras, prepárate para ver que tu amiga verde baja de velocidad. Acostumbra a suceder durante los meses más fríos de invierno, cuando muestran una actividad y un crecimiento mínimos. Están perfectamente sanas, pero están hibernando.

EPIFITO

Este término alude a un tipo de planta que crece sobre otras plantas en lugar de en el suelo. Por ejemplo, las puedes ver crecer en las ramas de los árboles. Normalmente, absorben el agua por las hojas o por raíces modificadas. ¡Las plantas son muy listas!

FAMILIA

El término familia alude a una colección de plantas que comparten características botánicas. Pueden tener características parecidas, como la forma o el aspecto de una flor. Para simplificar la clasificación de las plantas, se hace en orden de género, familia y grupo. Sabrás que un término alude a una familia de plantas porque estará en latín, como *Araceae* (aráceas).

FRONDA

Es un tipo de hoja dividida en secciones. Las verás en helechos y en palmeras.

HUMEDAD

La humedad es la cantidad relativa de vapor de agua en el aire. A medida que la temperatura aumenta, la capacidad del aire para contener vapor de agua hace lo propio; por eso los cuartos de baño son lugares perfectos para las plantas tropicales. Replica las condiciones húmedas naturales de tus plantas tropicales usando un pulverizador o agrupando plantas similares para generar un microclima.

PODAR

Podar significa recortar y retirar hojas de una planta para estimular un crecimiento sano (p. 26). Te animo a que lo hagas siempre que tu planta lo necesite o para mantener la forma y evitar que invada toda tu casa.

PROPAGACIÓN

Es un medio de reproducción asexual. Es decir, si cortas la punta o un tallo de tu planta, puedes producir otra genéticamente idéntica a ella (p. 28). Además de ahorrarte dinero, ver cómo crece una planta en miniatura de tu amiga verde es muy gratificante.

PURIFICACIÓN DEL AIRE

Las plantas que purifican el aire son fantásticas, porque absorben las toxinas perjudiciales de la atmósfera y limpian el aire que respiras.

REPLANTAR

En función de la velocidad a la que crezca, tu planta necesitará que la replantes cada 1-2 años (p. 24). Si crece sana, necesitará una maceta más grande para florecer o, quizás, replantarla signifique cambiar el sustrato o la tierra de la maceta actual (algo absolutamente normal si tu planta crece poco a poco). Al fin y al cabo, la tierra nueva le proporcionará nutrientes nuevos. Ambas cosas son vitales para garantizar que una planta sana cuente con las mejores condiciones posibles para crecer.

SUFRIDA

¡Es otra palabra para inmortal! Las plantas sufridas toleran condiciones complicadas, como la sequía, la sombra o las corrientes de aire.

TALLOS LARGOS Y DESNUDOS

Si la planta desarrolla tallos largos, finos y con hojas muy espaciadas (o ninguna), pódala (p. 26) y acércala a una fuente de luz para remediarlo.

Agradecimientos

Un enorme agradecimiento a Phillipa, por haber dado sentido a mis diatribas sobre las plantas. Su paciencia y su sentido del humor han sido esenciales para la creación de este libro (¡y es una excelente modelo de manos, también! Compruébalo en la p. 9).

Gracias a Jemma y a Kay por hacer que nuestras plantas tengan un aspecto increíble en todas las imágenes. Sangre, sudor, risas y alguna que otra sesión de terapia hacen de ellas un equipo ideal con el que trabajar.

Gracias, Kate, por todo tu trabajo para que este libro sea una realidad. Tus ideas y tu apoyo significan mucho para mí.

Un gran agradecimiento a Luke, mi compañero de trabajo y de vida. No querría cuidar de plantas junto a nadie más.

Y lo más importante de todo: gracias a mi madre, por haberme llevado a rastras a todos esos concursos de jardinería cuando aún era una niña y por confiarme mi primera suculenta. ¿Quién podía adivinar que acabaría siendo toda una jardinera, como tú? Te quiero.

Acerca de Jo Lambell

Jo Lambell es la fundadora de Beards & Daisies, uno de los distribuidores en línea de plantas de interior más grandes de Reino Unido. Vivió en Columbia Road durante una década, durante la que vio cómo la gente cargaba como podía con árboles del caucho y ficus lira frente a la ventana de su comedor en dirección a la otra punta de la ciudad. Así que dejó atrás su vida corporativa y se propuso conseguir que comprar plantas de interior fuera sencillo. Esa es su misión. Estudió horticultura y empezó a llevar las plantas de interior a las masas y a compartir sus conocimientos con sus clientes y en los medios de comunicación. Cree que hay una planta perfecta para todo el mundo y que todos somos capaces de cuidar a la perfección de alguna sin matarla.

La edición original de esta obra ha sido publicada en
el Reino Unido en 2022 por OH Editions, sello editorial
de Welbeck Publishing Group, con el título

The Unkillables

Traducción del inglés: Montserrat Asensio Fernández

Diagonal, 402 – 08037 Barcelona
www.cincotintas.com

Primera edición: noviembre de 2022

Impreso en Eslovenia
Depósito legal: B 9193-2022
Código Thema: WMQR1
(Jardinería de interior)

ISBN 978-84-19043-09-2

MIXTO
Papel procedente de
fuentes responsables
FSC® C106600